Gabi Pörner

Du bist größer als deine Selbstzweifel

GABI
PÖRNER

DU BIST GRÖSSER
als deine Selbstzweifel

Wie du Sicherheit
gewinnst und dein
Potenzial entfaltest

Kösel

FSC® MIX
Papier aus verantwortungsvollen Quellen
www.fsc.org FSC® C083411

Klimaneutral
ClimatePartner.com/14044-1912-1001
Druckprodukt

Penguin Random House Verlagsgruppe FSC® N001967

Umschlag: Weiss Werkstatt München
Umschlagmotive: © Qvasimodo art/Shutterstock.com
Redaktion: Ralf Lay
Satz: Satzwerk Huber, Germering
Druck und Bindung: CPI books GmbH, Leck
Printed in Germany
ISBN 978-3-466-34754-4
www.koesel.de

Dieses Buch ist auch als E-Book erhältlich.

Inhalt

Einleitung

Du bist auf der Welt,
um deinen Song zu singen
und dein Spiel zu spielen.
Du bist auf der Welt,
um deine Geschichte zu schreiben
und deinen ureigenen Weg zu gehen.

G. P.

»Bist du manchmal unsicher?«, fragte ich bei den Recherchen für dieses Buch Freundinnen, Seminarteilnehmer*innen und Profisportler. Manche sagten spontan: »Ja, klar«, und lachten verlegen. Andere dachten kurz nach und meinten dann: »Ist doch jeder mal, oder nicht?« Dabei wirkten sie alle nach außen so selbstbewusst! Niemand hätte hinter dem selbstsicheren Auftreten je vermutet, dass sie in der einen oder anderen Situation trotz ihrer beruflichen Erfolge mit dem Gefühl der Unsicherheit zu kämpfen hätten.

Niemand mag es, wenn er zweifelt, keiner mag unsicher sein, und doch erleben wir dies in den unterschiedlichsten Situationen. Manche Menschen haben ein Problem und wissen noch nicht, wie sie es lösen können, andere sind vor einer Präsentation oder einer Prüfung unsicher. Wieder andere wissen nicht, wie sie Beruf und Familie unter einen Hut bekommen sollen, oder sie haben Angst, sich abzugrenzen und sich für ihre Belange starkzumachen. Die Meisten denken seit Corona darüber nach, wie es in ihrem Leben weitergeht. Und viele Menschen haben Träume, Ziele, Potenziale, doch sie zweifeln an sich und trauen sich noch nicht, diese zu leben. Natürlich ist es wichtig, den Blick auch auf die Schwierigkeiten zu lenken und deren Sinn zu erkennen, noch wichtiger ist allerdings, die eigenen Stärken, Ziele und Wünsche in den Mittelpunkt zu rücken.

Wir leben in einer Leistungs- und Konsumgesellschaft, in der ständig Idealbilder erschaffen und am Leben gehalten werden. Wir glauben, wenn wir schlanker, hübscher, kompetenter, perfekter, selbstsicherer, erfolgreicher wären, uns gesund ernähren, uns sportlich betätigen und obendrein einen klimaneutralen Lebensstil pflegen, dann würden wir dafür anerkannt und wertgeschätzt. Die meisten von uns glauben, damit wäre das Problem mit der Unsicherheit gelöst – aber bis dahin … Bis dahin treiben wir uns, strengen uns an, vergleichen uns mit anderen und lassen uns manchmal von deren selbstbewusstem Auftreten blenden. Danach zweifeln wir erst recht an uns nach dem Motto: »Alle anderen sind so selbstsicher, nur ich nicht.« Dabei schauen wir wie durch ein Vergrößerungsglas auf die anscheinenden Negativpunkte. Immer fehlt etwas zum Glück, immer müsste etwas anders sein, als es gerade jetzt ist. Dafür, dass wir unsere Ansprüche nicht erfüllen, kritisieren wir uns und lassen uns von unserer Unsicherheit abhalten, unsere Meinung zu äußern oder etwas aktiv zu verändern. In solchen Momenten vergessen wir völlig, was wir alles können, was wir schon geleistet haben, und ignorieren, dass wir uns in anderen Situationen ganz selbstverständlich selbst vertrauen und souverän handeln. Wir vergessen dann, dass wir einzigartig und wertvoll sind, so wie wir sind, und dass wir unser Umfeld allein schon dadurch bereichern können!

Wir lernen vieles in unserer Gesellschaft, aber ganz bestimmt nicht, wie wir verständnisvoll mit uns selbst umgehen, wenn wir an uns zweifeln, einen Fehler gemacht oder eine Niederlage erlebt haben!

Zweifel und Unsicherheit werden in unserer Kultur immer noch als Schwäche angesehen und nicht als Chance! Dabei ist es völlig normal, unsicher zu sein, wenn wunde Punkte aktiviert werden oder wenn Neues, Ungewohntes bevorsteht. Zweifel kann ein unglaublicher Motivator sein, dein Leben bewusst zu überdenken und neu auszurichten. Indem du dir Zeit gibst, dich ehrlich und achtsam zu erforschen, kannst du hinderliche innere Bremsen erkennen und lösen. Dabei wandelt sich Unsicherheit in Sicherheit, Zweifel in Motivation. Du bekommst immer mehr Klarheit, Selbstvertrauen, Kraft und Gelassenheit und kannst dein Potenzial noch besser entfalten.

Sinnvoll ist es, einen Schritt nach dem anderen zu machen, sodass du in deinem Tempo und in deiner Zeit über deine bisherigen Grenzen hinauswachsen kannst.

Seit vielen Jahren begeistert mich das Thema »Persönlichkeitsentwicklung«. Jeder Mensch ist einmalig und besonders, hat seine besonderen Qualitäten, Herausforderungen und seinen ganz eigenen Weg, sich auf Veränderungen einzulassen und sich zu entwickeln. Mich interessiert, wie ein Mensch geworden ist, wie er ist, wie er seine Talente noch mehr leben und an seinen Unsicherheiten und Zweifeln wachsen kann. So befassen wir uns in diesem Buch mit »Entwicklung« – mit deiner inneren Entwicklung. Es gibt dir theoretische Einblicke zu den verschiedenen Themen, verbunden mit gezielten, vielfach erprobten Übungen, die dir mehr an innerer Sicherheit, aber auch an Freiheit eröffnen können.

Worum geht es nun konkret? Du erfährst hier,

- wofür Unsicherheit und Zweifel sinnvoll sind,
- warum es uns manchmal so schwerfällt, uns auf Neues einzulassen,
- was passiert, wenn wir zu lange in der Komfortzone bleiben,
- wie du dich vor Verletzungen schützt,

- was du gewinnst, wenn du dich bewusst auf Neues einlässt,
- warum Selbstwahrnehmung der Schlüssel für ein erfülltes und erfolgreiches Leben ist,
- was Sicherheit, Gefahr und Lebensgefahr mit dem Nervensystem zu tun haben,
- warum Verbundenheit so wichtig ist,
- dass du jetzt gar keinen Fehler machen kannst,
- wie du dich noch mehr akzeptieren kannst,
- dass Selbstverantwortung dich stark macht und
- welche wichtige Rolle Neugier, Motivation und kleine Erfolge spielen.

Und ja, manchmal kannst du dir auf deinem Weg blaue Flecken holen, Rückschläge erleben. Natürlich wünschst du dir etwas anderes, aber genau durch solche Herausforderungen gewinnst du an Erfahrung und wirst noch stärker!

Zudem findest du hier vier Interviews, die mit den Themen des Buches zu tun haben. Ich habe mich sehr gefreut, dass folgende ehrliche und offene Menschen bereit waren, über ihre Erfahrungen zu berichten, und stelle sie jetzt schon vor:

- Maria Rosario ist Opernsängerin,
- Sascha Benecken ist Rennrodler und siebenfacher Weltmeister,
- Martin Gruber ist ein bekannter Schauspieler, und
- Viola Groß ist Vertriebsmitarbeiterin in einem Modekonzern.

Übrigens: Du wirst im Lauf des Buches bemerken, dass sich manche Themen in Abwandlung wiederholen. Das ist durchaus beabsichtigt und hat didaktische Gründe, denn dadurch bleiben sie länger im Gedächtnis haften, du kannst sie besser in dein Leben integrieren.

Zudem ist es sinnvoll, dir für die Übungen ein Notizheft zuzulegen. So kannst du deine Antworten schriftlich notieren, deine Erfahrungen vertiefen, deine Fortschritte erkennen und dich selbst noch besser verstehen. Wenn du Übungen schriftlich dokumentierst, haben sie eine stärkere und nachhaltigere Wirkung als bei rein gedanklicher Überlegung.

Zwischen Sicherheit und Freiheit

Der Lohn der Freiheit
ist ein selbstbestimmtes Leben!
Chris Hunt

Sicherheit ist schon immer und für uns alle ein Grundbedürfnis, das uns aufatmen und beruhigt leben lässt. In früheren Zeiten haben Menschen, um sich sicher zu fühlen, den Göttern Opfergeschenke dargereicht, magische Rituale für ihren Schutz durchgeführt, haben religiöse oder philosophische Konzepte entwickelt und daraus ihre Kraft geschöpft. Genau wie sie damals brauchen auch wir heute das Gefühl, dass es etwas Beständiges und Vorhersehbares gibt, auf das wir uns verlassen können. Vieles ist für uns so selbstverständlich, dass wir gar nicht merken, wodurch wir unser Gefühl von Sicherheit beziehen. Wir haben in aller Regel ein Dach über dem Kopf, einen Arbeitsplatz, soziale Beziehungen, sind gesund (zumindest meistens) und können uns frei bewegen, auch wenn wir durch den Corona-Lockdown einige Einschränkungen erlebt haben. All dieses zusammen vermittelt uns einen Rahmen, der uns bei allem gesellschaftlichen Wandel immer noch eine gewisse stabile Ordnung und Orientierung gewährleistet. Wir können uns überwiegend geschützt fühlen und darauf vertrauen, dass unsere Existenz nicht infrage gestellt ist, wenn wir achtsam mit uns selbst und anderen umgehen. Das ist auch gut so, denn erst Sicherheit eröffnet die Freiheit, uns mit unseren Wünschen, Zielen, Bedürfnissen zu befassen und das zu tun, was wir tun wollen. Wir brauchen ein gewisses Maß an Sicherheit, damit wir die Möglichkeiten der Freiheit nutzen können. Doch mit der Freiheit ist es so eine Sache.

Wir leben in einer Zeit, in der es so viele Möglichkeiten gibt wie nie zuvor. Es entstanden in den vergangenen Jahrzehnten unterschiedliche Lebensentwürfe und Strömungen mit der Betonung des Individuums, es gibt inzwischen eine Vielzahl von Ausbildungs- und Arbeitsmöglichkeiten, prinzipiell steht uns die ganze Welt offen. Das war nicht immer so, denn unsere Großeltern hatten wesentlich weniger Wahlmöglichkeiten. Religion und Tradition spielten eine größere Rolle, die Lebensformen waren mehr oder weniger vorgezeichnet. Heute dagegen haben wir in jedem Bereich Entscheidungsmöglichkeiten, aber auch Entscheidungsnotwendigkeiten. Das kann irritierend, bisweilen verunsichernd und deprimierend sein, denn man will ja aus all den Optionen die richtige Entscheidung treffen. Dabei ist jede Entscheidung richtig, denn wir machen auf jedem Weg nützliche Erfahrungen, lernen auf jedem Weg etwas dazu. Und manchmal gilt der alte Spruch: »Umwege erhöhen die Ortskenntnis!« Dabei gibt es in meinen Augen keinen Umweg, denn jeder Weg, den du beschreitest, ist dein Weg, und der hat mit deiner Freiheit zu wählen zu tun.

Was heißt denn nun Freiheit? Allein schon das Wort weckt unterschiedliche Vorstellungen. Für manche Menschen ist Freiheit die ultimative Sehnsucht nach einem Leben ohne Arbeit und Verpflichtung, eine schöne paradiesische Fantasie. Die meisten Menschen stellen sich unter Freiheit ein Leben vor, »in dem ich tun kann, was ich will«.

Dabei tauchen dann die Fragen auf: Was hindert jemanden, das zu tun, was er tun will? Was macht ihn unfrei?

Je bewusster die Menschen werden, desto mehr merken sie, dass sie gelegentlich etwas zurückhält, ihr Potenzial zu leben, doch sie wissen nicht, was es ist. Sie fühlen sich nicht frei – und wollen doch frei, unabhängig und selbstbestimmt sein, denn Freiheit ist ebenso ein Grundbedürfnis wie Sicherheit. Sie suchen zu Recht nach einer Möglichkeit, erfüllt und erfolgreich zu leben, kennen jedoch die wahren Gründe für ihr Zögern, ihre Zweifel und Unsicherheit nicht. Sie können noch nicht wahrnehmen, dass ihre täglichen Denk- und Verhaltensweisen auf einengenden automatisierten, inneren Mustern und Strategien basieren.

Der Weg zur Freiheit ist ein Prozess, bei dem du deinen inneren Hindernissen auf die Spur kommst. Dieser Prozess hat viel mit bewusster Selbstwahrnehmung und dem Erkennen, aber auch Loslassen jener mentalen Muster zu tun. Bist du bereit, dein eigenes Mindset – also deine Denkweise beziehungsweise Geisteshaltung – zu hinterfragen und zu erweitern, deine Zweifel und Unsicherheiten anzuschauen, Verletzlichkeit zuzulassen und dich selbstbestimmt auf deinen eigenen Prozess einzulassen? Dann gewinnst du an innerer Freiheit und Flexibilität, sodass du dich entfalten und gut mit den gegenwärtigen Veränderungen umgehen kannst. Das wiederum stärkt deine Sicherheit.

Du kannst erkennen, dass Sicherheit und Freiheit zusammengehören. Es sind die zwei Seiten einer Medaille. Das eine bekommst du nicht ohne das andere. Es braucht eine gesunde Balance zwischen diesen beiden Polen, in denen es Spannung und Zweifel, aber auch zahlreiche Lernchancen gibt; und es liegt an dir, wie verantwortungsbewusst du deine Chancen nutzt. Zu wahrer Freiheit gehört immer auch Selbstverantwortung!

Du bist größer als deine Zweifel, das stimmt zweifelsfrei, doch warum du zweifelst, wofür Zweifel gut sind und wie du mitfühlend mit dir umgehen kannst, darum geht es im nächsten Kapitel.

Die zweifellos positiven Absichten des Zweifels

Wer viel zweifelt, der wäre gern sicher.
Doch wer immer sicher sein will,
wird zwangsläufig unsicher.
Er bleibt in seinen Begrenzungen stecken
in dem Versuch, nicht anzuecken.
G. P.

Kein Zweifel, Zweifel haben bei uns schlechte Karten! Doch jeder kennt sie, jeder hat sie, und keiner will sie. Sie stören unsere wohlgefällige Routine, den reibungslosen Ablauf dessen, was wir tun. Ein einziger Gedanke wie »Ich weiß nicht, ob mein Job der richtige ist oder nicht« kann genügen, um uns verunsichern zu lassen. Zweifel lassen uns schwanken, bremsen unsere Energie. Wir brauchen Zeit, um Entscheidungen zu treffen, denn wir überlegen hin und her, was denn das ultimativ Richtige sei, und sind angespannt und unruhig. Wer heutzutage, wo alles so schnell gehen soll, Dinge – beruflich wie privat – infrage stellt und an der Sinnhaftigkeit eines Produkts oder an der eigenen Vorgehensweise zweifelt, dem werden rasch Dynamik und Durchsetzungsvermögen abgesprochen. Er wird als Spielverderber, als Bremser und Zauderer abgestempelt, als einer, der sich im Teufelskreis von Zweifel und Unsicherheit verheddert und nicht weiß, was er will. Und auch die Zweifler selbst machen sich Gedanken über ihren Zweifel: »Alle anderen wissen, was sie wollen, wieso ich nicht? Ich müsste mich schneller entscheiden.« Sie setzen sich mit ihren Gedanken selbst unter Druck und kreieren eine sich selbst erfüllende Prophezeiung! Sie bekämpfen ihre Zweifel und die im Schlepptau daherkommenden Unsicherheiten, wollen sie loswerden, um wieder sicher zu sein, doch genau dadurch werden Zweifel und Unsicherheit stärker!

Wer Zweifel als etwas Negatives betrachtet, lässt völlig außer Acht, wie wertvoll sie sind und worauf sie uns aufmerksam machen wollen. Hierzu ein Beispiel:

Fallbeispiel: Zweifel an der Berufswahl

Nathalie, 41, hatte die Rechtsanwaltskanzlei mit mehreren Angestellten von ihrem Vater übernommen. Sie war sehr erfolgreich, doch nach einigen Jahren begann sie, mehr und mehr an unserem Rechtssystem zu zweifeln. Ihr Job machte ihr immer weniger Spaß. Sie spürte eine innere Unruhe. Immer wieder blitzten leise Zweifel auf, ob sie den richtigen Job habe, doch sie schob diese Zweifel stets beiseite. Schließlich hatte sie ja einen guten Beruf, der obendrein mit ordentlichen Einnahmen und Prestige belohnt wurde. Doch sie wurde zunehmend frustriert, und deshalb machte sie eine Ausbildung in Familientherapie. Sie glaubte nämlich, wenn sie die Hintergründe für das Verhalten anderer besser erkennen könne, wäre das für ihre Arbeit als Anwältin hilfreich. Anfänglich ging es auch gut, doch dann meldete sich wieder die Stimme des Zweifels und wurde immer lauter.
Ihre Unruhe und ihr inneres Schwanken machten sich auch gegenüber ihren Mitarbeitern und ihrer kleinen Tochter bemerkbar. Nathalie begann, sich ernsthaft zu fragen, ob sie noch im richtigen Job war. Sie dachte an die Verantwortung ihren Angestellten, ihrer Tochter und auch sich selbst gegenüber; sie überlegte hin und her, was sie tun sollte, und fühlte sich zunehmend gestresst.
Letztlich entschloss sie sich, ihre Kanzlei zu verkaufen und sich als Familientherapeutin selbstständig zu machen. Zunächst fiel eine Last von ihr ab. Sie war froh, den Job als Rechtsanwältin hinter sich gelassen zu haben, hatte mehr Energie als je zuvor

zur Verfügung und war begeistert davon, dass sie sich endlich für das starkmachte, was sie wirklich interessierte. Zwar dauerte der Aufbau ihrer neuen Praxis wesentlich länger als erhofft; sie musste mehr Geld investieren, als sie je gedacht hatte. Dennoch blieb sie zuversichtlich und wurde sehr kreativ darin, ihre Praxis bekannt zu machen und neue Klienten zu gewinnen, bis sie von ihrem neuen Beruf leben konnte!

Auf meine Frage, ob sie ihren Entschluss jemals bereut habe, antwortete sie: »Als Rechtsanwältin hatte ich gelernt, in schwierigen Situationen motiviert zu bleiben. Das hat mir geholfen, die Durststrecke zu meistern. Jetzt sitze ich wieder fest im Sattel und kann ruhig schlafen. Natürlich ist auch jetzt nicht alles Gold, was glänzt. Aber ich habe jeden Tag meine Freude daran, Menschen in ihrer Entwicklung zu unterstützen.«

Nathalie fühlt sich wieder sicher und entspannt. Ihr Nervensystem hat sich beruhigt!

Was bedeutet »Zweifel«?

In dem Wort »Zweifel«, das vom althochdeutschen *zwīfal* stammt, steckt die Zahl »Zwei«. Das Wort bedeutet »(Ungewissheit bei) zweifach(er Möglichkeit)«.[1]

Du bist beim Zweifeln nicht mehr eins mit dir selbst, hast mindestens zwei Optionen, hast noch keine klare, eindeutige Bewertung und Begründung gefunden, für welche der Möglichkeiten du dich entscheiden willst, und schwankst hin und her. Zweifel tauchen auch dann auf, wenn du die Richtigkeit einer Aussage infrage stellst, wenn du über einen längeren Zeitraum in der Partnerschaft oder im Job frustriert bist und beginnst, über mögliche Alternativen nachzudenken.

Zweifel sind ungefragt zur Stelle, sobald etwas nicht mehr stimmig ist. Du stehst vor Entscheidungen, bist unsicher in der eigenen Beurteilung, welches Ziel du wählen willst. Sie sind da, wenn du befürchtest, etwas Wichtiges, bislang sicher Geglaubtes zu verlieren, und du nicht weißt, was danach kommt. Garantiert kommen sie, wenn du deine eigenen Fähigkeiten und Handlungen, dich selbst infrage stellst und dazu noch von anderen kritisiert wirst. Oder wenn äußere Rahmenbedingungen sich plötzlich ändern und du abrupt deine gewohnt-vertraute Komfortzone verlassen musst.

Welchen Sinn haben Zweifel?

Zweifel lassen einen nicht nur schwanken zwischen »Mein Kopf sagt dieses, mein Bauch was anderes«, zwischen »Soll ich?« oder »Soll ich nicht?«, »Was ist, wenn ich dies tue?« und »Was ist, wenn ich jenes oder gar nichts tue?«, sondern sie haben auch viele Vorteile:

- Zweifel schützen uns davor, uns reaktiv und unüberlegt in eine Sache zu stürzen und voreilig zu handeln.
- Durch sie haben wir die Fähigkeit, Dinge in der Schwebe zu halten. Wir untersuchen eine Situation genau und bedenken im Vorhinein mögliche positive wie negative Konsequenzen unserer Entscheidungen und Handlungen.
- Wir sind ein Stück weit dafür gewappnet, was nach einer Entscheidung auf uns zukommen könnte, weil wir die Dinge mental schon durchgespielt haben.
- Zweifel können uns ermutigen, darüber nachzudenken, ob wir auf dem richtigen Weg für uns sind, ob unsere Ziele für uns passen.

- Sie fordern uns auf, über unsere eigenen Ansprüche und Erwartungen an uns selbst und andere nachzudenken und Situationen realistisch zu sehen.
- Sie können uns an eigene Stärken erinnern und dazu führen, uns noch mehr auf unsere Intuition zu verlassen.
- Sie können uns helfen, unsere Komfortzone zu verlassen.

Zweifel wollen letztlich das Beste für uns: Sie wollen, dass wir die Dinge gut machen und sicher sind in dem, was wir tun. Wir können Zweifel und Unsicherheiten unzweifelhaft als Motivatoren verstehen, die uns auffordern, unser Leben, unsere Beziehungen, unseren Job, unsere Werte, vor allem auch den Sinn dessen, was wir tun, bewusst zu hinterfragen, auf den Prüfstand zu stellen und uns gegebenenfalls neu auszurichten. Sie können uns anstacheln, neue Fähigkeiten zu erwerben, uns ins Zeug zu legen und noch besser zu werden in dem, was wir tun. Wie viele Entwicklungen sind nur dadurch zustande gekommen, dass die Erfinder Bestehendes hinterfragt, sich Gedanken darum gemacht haben, ob alles so bleiben muss, wie es ist, oder ob es nicht bessere Möglichkeiten gäbe, mit den Gegebenheiten umzugehen. Sie haben nach immer besseren Lösungen gesucht und sie gefunden. Denk nur einmal daran, wie viele kreative und neugierige Menschen es gebraucht hat, um beispielsweise vom ersten Buchdruck bis zum Selbstverlag von Büchern zu kommen, von der Landkarte zum Navi oder vom Pferdefuhrwerk zum selbstfahrenden Auto. Vielen Dank an die Erfinder für ihren Zweifel an Bestehendem und ihre Entdeckung von neuen Möglichkeiten!

Wer überhaupt nicht zweifelt – solche Zeitgenossen soll es ja geben –, der glaubt wohl, alles zu wissen und überall sicher zu sein! Er versorgt andere ungefragt mit Ratschlägen und nervt sie nicht selten damit! Durch seine Selbstgefälligkeit glaubt er, es nicht nötig zu haben, anderen Menschen mit anderen Meinungen zuzuhören und dazuzulernen. Er kann mögliche Gefahren nicht realistisch erkennen, kann Neues nicht zulassen und bewegt sich nur innerhalb seiner Komfortzone.

Förderliche und hinderliche Zweifel

Unter *förderlichen* Zweifeln verstehe ich solche, die uns wach und aufmerksam machen, Pläne angemessen klug zu überdenken, die Konsequenzen einzubeziehen, sodass wir dann bewusst eine Entscheidung treffen, was wir tun wollen.

Hinderliche Zweifel führen zu Selbstzweifeln, schmälern unser Selbstvertrauen und unterminieren unser Selbstwertgefühl. Sie sind belastend und lähmend. Sie sind meist mit sehr hohen, perfektionistischen Ansprüchen an sich selbst und/oder andere verbunden. Je höher die Ansprüche, desto größer sind die Zweifel. Dann zweifeln Menschen an immer mehr: an ihrer Figur, ihrem Aussehen, ihren Fähigkeiten. Sie zweifeln daran, ob sie je den richtigen Partner finden, ob der aktuelle Partner der richtige ist. Sie zweifeln, ob sie gut genug in ihrem Job sind, ob sie sich gesund genug ernähren, und daran, ob andere sie akzeptieren … Sie grübeln, ihre Gedanken kreisen, sie reagieren übervorsichtig und kommen schwerlich zum Entscheiden und Handeln. Dies ist verunsichernd, energie- und kräftezehrend und verursacht Stress.

Zweifel können uns daran hindern, unsere eigenen Ziele und Wünsche umzusetzen. Und selbst wenn andere Menschen unsere Stärken, unsere Kompetenz anerkennen, so glauben wir dies nicht. Wir halten uns insgeheim für Hochstapler (was bis zum sogenannten Impostor-Syndrom führen kann) und denken, dass es nur eine Frage der Zeit ist, bis andere bemerken, dass wir nicht viel können.

Die meisten Menschen haben als Kinder gelernt, dass Dinge entweder gut oder schlecht, richtig oder falsch sind, auf jeden Fall eindeutig. Klare Regeln geben Kindern Sicherheit, und unser Gehirn liebt Eindeutigkeit, weil es dann eine Sache abschließen und sich mit etwas anderem beschäftigen kann. Also sind wir auf der Suche nach Eindeutigkeit und Sicherheit bei unseren Entscheidungen. »Es ist so und nicht anders« – egal, ob es um berufliche Themen, um die Partnerwahl oder um größere Zusammenhänge geht. Leider sind die Dinge aber höchst selten nur schwarz oder nur weiß, und das Rundherum-sorglos-Paket gibt es im richtigen Leben nicht.

Gerade in unserer global vernetzten komplexen Welt treten auf vielen Gebieten – wie Wirtschaft, Politik, Umwelt – so viele Veränderungen, Unwägbarkeiten, Widersprüchlichkeiten, Mehrdeutigkeiten deutlich zutage, dass wir als Erwachsene aufgerufen sind zu lernen, mit diesen Mehrdeutigkeiten, den Wahlmöglichkeiten und Entscheidungsnotwendigkeiten umzugehen. Es werden immer wieder Situationen auftreten, in denen wir zunächst nicht durchblicken, an uns oder an anderen zweifeln und nicht wissen, wie es weitergeht und was wir tun wollen. Bevor die Strahlen der Sonne den Nebel lichten und die Landschaft in klarem, hellem Licht erscheint, kann es Augenblicke der Frustration, der Unsicherheit und Hängepartien geben, in denen keine sofortige Lösung in Sicht ist. Auch das gehört zum Leben. In solchen Momenten wissen wir nicht, mit welchen genauen Konsequenzen wir in der Zukunft zu rechnen haben. Doch niemand weiß genau, wie die Zukunft aussehen wird, noch nicht mal Wahrsager! Bei der Reise vom Alten ins Neue gibt es immer chaotische Momente, bis beim Neuen wieder eine neue Ordnung entsteht. Es sind fast immer Punkte dabei, an die man sich erst gewöhnen muss, bis sie selbstverständlich dazugehören.

Als ich aus beruflichen Gründen von Berchtesgaden an den Rand von München gezogen bin, musste ich mich erst an die Stadt gewöhnen und daran, dass der Geräuschpegel hier viel höher ist, dass ich meine Freunde zurückließ und niemanden hier kannte. Ich fand es dennoch faszinierend, mich auf das neue Spiel einzulassen, und bin dankbar dafür, dass ich heute hier lebe.

Während ich in Namibia Trainings für Führungskräfte und holistische Farmer zum Umgang mit Veränderung geleitet habe, lernte ich das dort häufig benutzte Sprichwort: »No free lunches!« (»Alles hat seinen Preis«) kennen. Wie wahr!

Es ist wichtig, sich nach Abwägung der Vor- und Nachteile der verschiedenen Möglichkeiten bewusst zu entscheiden, um Klarheit über das weitere Vorgehen zu gewinnen. Bei Menschen, die besonders perfektionistische Erwartungen und Ansprüche an sich selbst haben, nehmen oftmals Zweifel überhand.

Kein Wunder, dass die Sehnsucht nach Sicherheit und Eindeutigkeit groß ist. Dabei wird hundertprozentige Sicherheit immer eine Illusion bleiben, und wer um jeden Preis Sicherheit will, erntet auf jeden Fall Stress, wie das folgende Beispiel zeigt.

Fallbeispiel: Selbstzweifel

Bei Julia, 35, ist das sympathische Nervensystem aktiviert. Sie ist freundlich, zuverlässig, interessiert. Als Führungskraft in einem Unternehmen stellt sie perfektionistische Ansprüche an sich selbst.

Nun hat sie innerhalb ihrer Firmengruppe ein Stellenangebot in den USA bekommen. Seit Tagen grübelt sie hin und her, ob die Stelle dort die richtige ist, ob sie in Amerika leben will, ob ihr Englisch gut genug ist, ob sie den Aufgaben überhaupt ge-

wachsen ist, ob ihre Partnerschaft die Trennung aushält. Sie sieht zunehmend Probleme und Komplikationen, die mit dem neuen Job verbunden sind, bespricht sich mit verschiedenen Freunden und kommt zu keinem eindeutigen Ergebnis. Mal will sie das Angebot annehmen, fünf Minuten später auf keinen Fall. Gefangen in ihren Zweifeln, wird sie immer gestresster und unsicherer. Sie blickt wie durch ein Vergrößerungsglas nur noch auf ihre eigenen Schwachpunkte, denkt daran, dass sie Fehler machen könnte, dass sie scheitern könnte und als Versagerin zurück nach Europa käme. Sie vergisst gänzlich ihre Stärken und Talente. Ihre anfänglichen Zweifel haben sich längst zu Selbstzweifeln ausgeweitet, ihr Selbstvertrauen ist im Keller. Schließlich kommt sie zu dem Schluss, dass sie »nicht gut genug« ist. Am Tag der Deadline sagt sie den Job zur Verwunderung ihres Chefs ab.

Anstatt nun erleichtert ihrem Tagesgeschäft nachzugehen, dreht sich ihr Gedankenkarussell jetzt in die andere Richtung. Hätte sie den Job annehmen sollen? Was denkt ihr Chef jetzt über sie? Schadet die Absage ihrer Karriere? Hatte sie die falsche Entscheidung getroffen?

Menschen, die zwanghaft zweifeln, zweifeln an allem, nur nicht an ihrem Zweifel! Da sind sie ganz sicher!

Sie lassen sich von der Stimme ihres hinderlichen Zweifels dominieren und werden zunehmend unsicher. Unsicherheit verstärkt ihre Zweifel, diese wiederum nähren ihre Unsicherheit – eine sich selbst verstärkende, energieraubende Abwärtsspirale. Sie bezweifeln ihre Fähigkeiten, konzentrieren sich auf alle möglichen Schwächen und denken permanent nach:

- Was ist die ultimativ richtige Entscheidung?
- Was passiert, wenn ich etwas falsch mache?
- Bin ich gut genug?
- Schaffe ich mein Pensum überhaupt?
- Was denken die anderen über mich?
- Was passiert, wenn sie mich ablehnen?

Selbst wenn die Zweifler eine Situation in allen Variationen durchgespielt haben, stellt sich das Gefühl von Sicherheit nicht wirklich ein, denn sie sind oft auf der Suche nach der »überoptimalen« Lösung. Wer Perfektion von sich verlangt, will natürlich auch eine perfekte Welt, nur – die gibt es nicht, es hat sie noch nie gegeben, und es wird sie nie geben!

Was wäre stattdessen, wenn du wüsstest, dass du tatsächlich »gut genug« und in Ordnung bist, so, wie du bist? Was wäre, wenn du bewusst auf die positive Seite schaust und dich fragst: Welche Stärken habe ich? Was tut mir gut?

Wenn du viel zweifelst, dann weißt du, dass die Zweifel übertrieben sind, doch solange du glaubst, dass diese Gedanken wahr sind, bist du mit ihnen identifiziert, hast keinen Abstand dazu und keine Möglichkeit, aus diesem Gedankenkreis auszusteigen. Was die Denker dieser Gedanken nicht wissen, ist, dass sie maßlos, wirklich maßlos übertrieben sind! Sinnvoll ist es deshalb, Folgendes im Hinterkopf zu behalten:

Gedanken sind nur Gedanken, nicht mehr und nicht weniger! Sie kommen und gehen.

Zugegebenermaßen haben wir alle bestimmte Lieblingsgedanken und Lieblingszweifel, die sich immer wieder wiederholen. Und da kann ab jetzt die Frage auftauchen: »Muss ich weiterhin daran glauben, dass meine zweifelnden Gedanken wahr sind?«

Wenn du dagegen deine Gedanken bewusst wahrnimmst, gewinnst du Abstand zu deinen Gedanken. Dann hast du zunehmend die Wahl, in welche Richtung du deine Gedanken lenken willst. Ob du deinen Stärken, deiner Zuversicht und deinen Zielen mehr Raum schenken oder dich für die Zweifel entscheiden willst. Beides ist völlig in Ordnung, nur bringen die unterschiedlichen Gedanken völlig unterschiedliche Konsequenzen mit sich.

Übrigens: Die allermeisten der Negativszenarien, die wir uns ausmalen, werden nie eintreten, dennoch lassen wir uns von unseren Schwarzmalereien abhalten, ins Handeln zu kommen. Entweder denken wir an die Zukunft und an mögliche Katastrophenerwartungen oder an die Vergangenheit, was wir hätten anders machen sollen, und vergessen dabei, im Hier und Heute, in der Gegenwart zu leben! Dabei ist die Gegenwart die einzige Realität!

Auch wenn es zunächst nicht so aussehen mag, haben selbst ausgeprägte Zweifel eine positive Absicht. Sie wollen, dass wir besonders gut aufpassen, was wir tun. Sie wollen, dass wir uns richtig entscheiden, und sie wollen uns vor Blamagen und Verletzungen schützen. Die Zweifel wollen uns Schmerz ersparen, mit dem Preis, dass man das eigene Potenzial nicht gebührend entfalten kann, was dann aber erst recht schmerzvoll ist.

Was also tun? Was ich vorhin schon angedeutet habe: Du könntest deine Zweifel bezweifeln oder nicht. Allein das könnte ein guter Anfang sein!

Du kannst dein Selbstvertrauen weiter vertiefen, wenn du dich zudem daran erinnerst, dass du in den letzten Jahren deine Fähigkeiten, Wissen und Können erweitert und was du alles dazugelernt hast! Und erlaub dir, selbst die kleinsten Erfolge zu würdigen und anzuerkennen, und mach dir klar, dass bewusste Weiterentwicklung nicht selbstverständlich ist!

Du kannst dich auch bewusst an positive Erfahrungen im Umgang mit Entscheidungen erinnern. Das hilft, zuversichtlicher in die Zukunft zu schauen, leichter mit Zweifeln und Unsicherheiten umzugehen. Diese positiven Erfahrungen im Umgang mit Zweifel und Unsicherheit können als Wegweiser dienen, dich selbst noch besser zu verstehen. Sie können dich ehrlicher und mutiger machen, über deine bisherigen Begrenzungen hinauszugehen und für dich einzutreten. Falls du dich einmal nicht entscheiden kannst, was du tun willst, hier ein uralter Tipp: Wirf eine Münze!

Ganz entscheidend für die Stärkung deines Selbstvertrauens ist, dass du immer wieder ins Handeln kommst, denn dadurch gewinnst du an Erfahrung und merkst, dass du Fortschritte machst und dich für dich selbst einsetzt. Jedes Mal, wenn du bewusst Ja zu dir und zu einer Entscheidung sagst, die jeweiligen Konsequenzen im Vorfeld bedacht hast und handelst, unterbrichst du dein altes Zweifelmuster. Gleichzeitig etabliert sich nach und nach ein neues, erweiterndes Denk- und Handlungsmuster, das dir mehr an Klarheit und Zielorientierung verschafft.

Durch gezielte Übungen kannst du im Verlauf des Buches dein Selbstvertrauen und deine innere Sicherheit weiter ausbauen, sodass du dein Potenzial noch besser entfalten kannst.

Einer meiner Bekannten, ein Meister im Umgang mit Entscheidungen, hat seine eigene Methode gefunden, damit konstruktiv umzugehen. Er sagt: »Früher habe ich viel gezweifelt. Heute finde ich diesen Zustand, bevor ich mich ganz von etwas Altem gelöst habe und im Neuen angekommen bin, sehr angenehm. Ich kann zwar nicht alles kontrollieren und bin immer wieder überrascht, wie Dinge sich entwickeln. Es macht mir aber inzwischen Spaß, mich immer wieder auf neue Situationen einzustellen und an meinen Herausforderungen zu wachsen.«

Nun folgen Übungen, die dir helfen, konstruktiv mit Zweifeln umzugehen.

ÜBUNG: NEGATIV- ODER POSITIVFILM?

Denk immer wieder daran: Zweifel sind nur Gedanken. Leg dein Notizheft bereit, und mach die folgende Übung:

1. Setz dich entspannt auf einen Stuhl, schließ die Augen, und stell dir vor, dass du heute – also einen Tag von morgens bis abends – an allem zweifelst, dir Sorgen machst und Katastrophen erwartest:
   - Wie wird sich diese Vorstellung auf deine Gedanken, Gefühle, auf deinen Körper, auf Entscheidungen und Handlungen auswirken?
   - Wie wird es dir nach einem Tag vorgestellter Zweifel gehen?
   - Frag dich nun: Wie wahrscheinlich ist es (auf einer Skala von 1 bis 10), dass diese Zweifel wahr werden?
2. Nun bitte ich dich aufzustehen, schüttle deine Spannungen ab! Danach setzt du dich wieder und atmest ein paarmal tief durch.
3. Stell dir nun ausführlich, bunt, lebendig und groß vor, dass du heute – also einen Tag von morgens bis abends – voller Selbstvertrauen, Sicherheit und Klarheit lebst.
   - Wie sieht dieser Tag aus, an dem du so sicher bist und diese innere Gewissheit ausstrahlst?
   - Wie fühlst du dich dabei, und was spürst du in deinem Körper?
   - Wie gehst du dabei auf andere zu, und wie redest du mit ihnen?
   - Was sagst du zu dir selbst nach so einem Tag?
   - Notier dir Stichwörter dazu.
   - Lass dann diesen Tag noch einmal nachwirken, und erlaub dir zu spüren, wie gut es dir jetzt geht.

4. Nun kannst du die beiden Tagesabläufe miteinander vergleichen – einerseits, wie du einen Tag voller Zweifel erlebt hast, und andererseits, wie du innerlich sicher und voller Selbstvertrauen warst. Jetzt hast du die Wahl, was dir lieber ist, und kannst immer wieder bewusst deine Gedanken auf die positive Seite lenken. Erlaub dir, dir ab jetzt vor herausfordernden Situationen vorzustellen, welche Stärken du hast, welche positiven Erfahrungen du in der Vergangenheit gemacht hast und was dir bestenfalls passieren könnte.

ÜBUNG: MUSTER UNTERBRECHEN

1. Wenn du bemerkst, dass gerade dein Zweifelkarussell aktiv ist, dann kannst du dir gratulieren. Dies ist der erste und wichtigste Schritt, denn jetzt kannst du deine Gedanken beobachten und gewinnst bereits dadurch ein Stück Abstand.
2. In einem zweiten Schritt unterbrichst du dieses Muster nun bewusst, indem du imaginär auf eine »Stopptaste« drückst, freundlich und klar »Stopp« sagst und dann deine Aufmerksamkeit auf das richtest, was dir *jetzt* im Moment wirklich wichtig ist.
3. Wenn nach kurzer Zeit der Zweifel wiederkommt, sagst du wieder freundlich und wertschätzend »Stopp« und ergänzt: »Ich weiß, du meinst es gut, doch jetzt ist ein anderes Programm dran.« Wende deine Aufmerksamkeit danach sofort deinen aktuellen Aufgaben zu.

Wir haben uns jetzt mit unseren Zweifeln beschäftigt, doch woher kommen unsere Zweifel?

Der innere Kritiker und das verletzte innere Kind

Du kennst wahrscheinlich die innere Stimme, die dir sagt, was du tun musst, tun sollst oder auf keinen Fall tun darfst. Diese Stimme, die alles besser weiß, egal, um welches Thema es sich handelt. Sie meckert über deine Kompetenz und deine Träume, deinen Geschmack, deine Entscheidungen. Sie kritisiert dich, wenn du dich nicht genug bewegst, darüber, wie du mit anderen Menschen redest, wie du bei anderen ankommst. Sie verurteilt dich gnadenlos, wenn du etwas falsch gemacht hast – und sei es auch nur eine Kleinigkeit –, und dabei ist die Stimme so herabsetzend, wie es kein anderer Mensch je sein könnte. Diese Stimme im Hintergrund wird »innerer Kritiker« genannt, der überall seinen Senf dazugibt, aber auch immer bereit ist, dich umgehend zu warnen, wenn du kurz davor bist, dein bisher gewohntes Denken und Verhalten zu verlassen und etwas Neues zu tun. Letztlich meint es der innere Kritiker gut mit dir – er will, dass du deine Dinge richtig machst, will dich vor möglichen Niederlagen und Blamagen schützen. Leider weiß er nicht, dass er mit seinem Gemecker gnadenlos übertreibt und dich verunsichert, sodass du an dir und der Berechtigung deiner Bedürfnisse, Wünsche und Ziele zweifelst.

Wie ist der innere Kritiker in unserer Kindheit entstanden? Als Kinder waren wir lebendig, lebensfroh, begeistert, spontan, spielerisch, neugierig, verletzlich, offen. Unsere Eltern und Lehrer wollten das Allerbeste für uns, und so haben wir auf der Basis unserer mitgebrachten Eigenart und unserer Potenziale gelernt, was in unserer Familie, in unserem Kulturkreis »gute, erstrebenswerte« Eigenschaften, Verhaltensweisen sind, und diese übernommen. Waren wir zum Beispiel höflich, freundlich, hilfsbereit, einsatzbereit, gerecht, interessiert, ehrlich, schnell oder haben so funktioniert, wie die Eltern es wollten, dann wurden wir gelobt, fühlten uns wertgeschätzt und verbanden das mit dem Gefühl, selbst gut und liebenswert zu sein. Wir haben unbewusst Einstellungen und Glaubenssätze entwickelt, die sich tief in unser Gehirn eingespeichert haben und sehr stark ausgeprägt sein können. Sie funktionieren nach dem Reiz-Reaktions-Prinzip, treiben uns an und leiten heute immer noch unser Handeln. Wenn jemand zum Beispiel den Glaubenssatz hat: »Ich muss hilfsbereit sein«, dann ist Hilfsbereitschaft zwar eine sehr wertvolle Eigenschaft, doch wenn jemand hilfsbereit sein *»muss«*, dann glaubt er, er habe in den unterschiedlichsten Situationen stets hilfsbereit zu sein. Er kümmert sich zuerst um die Belange anderer, sogar dann, wenn er selbst sehr viel zu tun hat.

Unsere Einstellungen und Glaubenssätze sind maßgeblich daran beteiligt, wenn wir in Stress kommen, wenn wir Probleme haben, wenn wir zweifeln und unsicher sind. Wenn wir beispielsweise als Kinder gegen die herkömmlichen Normen verstoßen und uns egoistisch, laut, frech, aggressiv, stur, unfair verhalten haben, dann wurden wir von unseren Eltern oder anderen Erzieher*innen getadelt, bestraft und erlebten dies als Liebesentzug. In solchen Momenten fühlten wir uns als Kind verletzt, abgelehnt, allein gelassen, unerwünscht, hilflos, »nicht gut genug« oder wertlos und bekamen ein schlechtes Gewissen. Wir waren traurig, wütend, trotzig oder zogen uns beleidigt zurück und lernten: »Wenn ich laut, egoistisch etc. bin, dann werde ich bestraft. Keiner mag mich, und ich bin allein.« Welches Kind will sich schon so fühlen?

Diese Gefühle taten weh und waren schlecht auszuhalten. Also lernten wir, uns den Normen und Vorstellungen der Eltern anzupassen. Um weiterhin geliebt und anerkannt zu werden, mussten wir einen Teil unserer eigenen Bedürfnisse und unliebsame Gefühle unterdrücken. Die unterdrückten und abgelehnten Teile leben jedoch abgespalten und unbewusst weiterhin in uns. Sie konnten sich nicht weiterentwickeln, kommen aber unvermittelt in manchen Situationen zum Vorschein. Diese verletzten Anteile werden metaphorisch auch »das verletzte innere Kind« genannt.

Fallbeispiel: »Richtig« im Sinne der anderen

Meine Kundin Annette erzählte, dass sie im Alter von sechs Jahren einmal morgens darauf beharrte, ihre Kleidung selbst wählen zu dürfen. Sie zog ihren rot getupften Lieblingspulli und ihren rot karierten Lieblingsrock an, war glücklich, dass sie ihre beiden Lieblingssachen trug, und führte sie voller Stolz ihrer Mutter vor. Diese schaute sie strafend an und sagte barsch: »Das passt überhaupt nicht zusammen. Ich hol dir Sachen aus dem Schrank. Zieh dich sofort um.«
Annette reagierte damals geschockt und beschämt. Da sie von ihrer Mutter immer wieder kritisiert und in die Schranken gewiesen wurde, entwickelte sie das Gefühl, dass ihre eigene Vorstellung von den Dingen falsch war und dass sie ihrer Mutter »nichts recht machen konnte«. Sie zweifelte an sich selbst, wenn sie etwas eigenständig machen wollte, traute sich dies oftmals nicht und lernte, alles möglichst »richtig und gut« zu machen im Sinne der anderen, um ja auf der sicheren Seite zu bleiben. Sie überlegte häufig, bevor sie etwas tat, ob ihre Mutter das gutheißen würde. Schließlich wollte sie die Liebe ihrer Mutter nicht verlieren!

Leider ist es so, dass Eltern, wenn sie selbst durch ihre eigenen Kindheitserfahrungen nicht ausreichend emotionale Sicherheit erfahren haben, diese ihren eigenen Kindern schwerlich vermitteln können. In Annettes jahrelangem Erziehungs- und Konditionierungsprozess gehörten Unsicherheit und Selbstzweifel zur Tagesordnung. Und so ist es kein Wunder, dass sie sich im Erwachsenenalter vor wichtigen Terminen und Entscheidungen verunsichert fühlte und lange hin und her überlegte, ob ihre Kleidung dem Anlass entsprach, ob sie alles richtig machte und was andere über sie sagen würden!

Unser verletztes inneres Kind wird aktiviert, wenn der innere Kritiker es in Situationen, die er für problematisch hält, beschimpft und abwertet. Unser inneres Kind fühlt sich dann vom inneren Kritiker bedroht und reagiert verletzt, verängstigt, trotzig, beleidigt, zornig, traurig. Es fühlt sich abgelehnt, minderwertig, erstarrt oder klammert sich an – je nachdem, wie es damals auf seine Eltern reagiert hat.

Die Stimme des inneren Kritikers ist nichts anderes als die verinnerlichte Stimme der maßregelnden Eltern, die uns in bestimmten Situationen geschimpft und getadelt haben. Diese Stimme der Eltern haben wir nun in uns. Sie behandelt uns so, wie unsere Eltern uns damals als Kinder behandelt haben. In Situationen, die eine Ähnlichkeit mit bestimmten Erfahrungen aus der Kindheit haben – wie das Beispiel von Annette zeigt –, übernimmt das verletzte innere Kind mit den erlernten Einstellungen die Hauptrolle. Wir verspannen uns augenblicklich wie damals, fühlen uns wieder wie damals und reagieren so wie damals. Wir fühlen uns klein und können uns in solchen Momenten selbst nicht akzeptieren. Tatsächlich leiden wir in derartigen Augenblicken an einer Wahrnehmungs- und Realitätsverzerrung. Wir vergessen, dass wir heute erwachsen sind und viel mehr an Möglichkeiten zu handeln haben.

Wenn wir uns vom inneren, aber auch von einem äußeren Kritiker angegriffen fühlen, dann reagiert unser »verletztes inneres Kind«. Der innere Kritiker läuft dann zu seiner Hochform auf, denn er kann mit den Gefühlen des verletzten inneren Kindes schlecht umgehen. Er verurteilt es dann nach dem Motto: »Reiß dich zusammen! Stell dich nicht so an! Du brauchst doch keine Angst zu haben! Du lernst es nie! Was sollen die Leute von dir denken!«

Wichtig ist es zu verstehen, dass sowohl der innere Kritiker als auch das verletzte innere Kind Teile von uns sind, die eine bedeutende Funktion in unserem Leben haben. Unsere Aufgabe als Erwachsene ist es, dafür zu sorgen, dass beide Seiten gewürdigt werden.

Doch es ist auch wichtig, sich um das innere Kind zu kümmern, damit es sich entwickeln kann: Was braucht ein verletztes Kind, damit es sich angenommen und geborgen fühlt? In erster Linie Schutz, Sicherheit, Mitgefühl, Geborgenheit und Verbundenheit. Es will in seinem ganzen Sein gesehen werden, verstanden und gewürdigt werden und spüren, dass es geliebt und unterstützt wird.

Damit sich das Leid des verletzten inneren Kindes nach und nach auflösen kann, bist du als erwachsener Mensch nun aufgefordert, liebevoll und geduldig mit ihm Kontakt aufzunehmen und ihm beizustehen. Das erfordert von deiner Seite aus Aufrichtigkeit, Kraft, Ausdauer und die Vereinbarung mit dir selbst, dein verletztes inneres Kind mitfühlend durch seine Schmerzen und die zurückgehaltenen Gefühle zu begleiten. Auf diese Weise können sich festgehaltene Spannungen lösen, und es fühlt sich im Idealfall schließlich von alten Lasten befreit, lebendig und lebensfroh. Es fühlt sich geliebt, gewinnt an innerer Stärke und ist offen für Neues.

Die folgende Übung kann dir helfen, dein verletztes inneres Kind noch besser zu verstehen und es liebevoll zu unterstützen.

ÜBUNG: MITFÜHLEND FÜR DEIN VERLETZTES INNERES KIND SORGEN

Leg dir wieder Stift und Notizbuch bereit, bevor du mit folgender Übung beginnst:

1. Setz dich an einen ruhigen Platz, und erlaub dir, dich zu entspannen.
2. Nun stell dir vor deinem geistigen Auge eine Situation vor, in der du in der letzten Zeit an dir gezweifelt hast. Wie hast du dich dabei gefühlt? Was hast du gedacht?
3. Vielleicht fällt dir jetzt eine Situation ein, in der du als Kind von deinen Eltern oder anderen Bezugspersonen kritisiert und eingeschüchtert wurdest. Stell dir diese Situation deutlich vor:
   - Wie alt warst du in der Situation?
   - Wie ist es deinem inneren Kind in der Situation ergangen?
   - Wie hat es sich gefühlt?
   - Erlaub nun deinem inneren Kind, auch zu spüren, was dabei im Körper passiert.
4. Bleib wie eine liebevolle Mutter mitfühlend, liebevoll, verständnisvoll an seiner Seite, sodass sich dein inneres Kind nicht allein, sondern geborgen und gut aufgehoben fühlt.
5. Danach fragst du, was dein inneres Kind in der damaligen Situation gebraucht hätte, um sich sicher und geliebt zu fühlen? Ich bitte dich als Erwachsene nun, all dies deinem »inneren Kind« zu geben, damit es sich sicher und geliebt fühlt. Lass dir Zeit dabei, nimm dein inneres Kind in die Arme, streichle es oder tröste es mit Worten. Du wirst spüren, was es braucht.

6. Frag dein inneres Kind als Nächstes, wie es damals gern reagiert hätte, sich aber nicht getraut hatte.
7. Nun sagst du deinem inneren Kind, dass du jetzt als Unterstützung dabei bist. Gib ihm die Erlaubnis, dass es jetzt das tun darf, was es damals noch nicht gewagt hat. Ermutige es, all das auszudrücken, verbal, nonverbal und in Zeitlupe mit dem Körper, was es seit damals unterdrückt hat. Du, als erwachsener Mensch, machst am besten diese Bewegungen selbst mit, sodass dein ganzer Körper spürt, wie gehaltene Energie frei wird.
8. Gib dir dann Zeit, um nachzuspüren, was sich verändert hat.
9. Als Nächstes frag dein inneres Kind, wie es ihm jetzt geht, was es jetzt über sich denkt, was es ab jetzt anders machen wird.
10. Danach nimmst du es in deiner Vorstellung in die Arme, ruhst dich mit ihm aus und erlaubst dir zu spüren, wie gut du dich jetzt fühlst.
11. Denk nun noch einmal an die Ausgangssituation, in der du als erwachsener Mensch in einer bestimmten Situation an dir gezweifelt hast. Was hat sich verändert? Was machst du ab jetzt anders?

Ergänzung der Übung: Formulierung eines neuen Satzes:

1. In einem zweiten Schritt kannst du die bisherige Übung erweitern. Während dein inneres Kind in deinen Armen ruht, bitte es, nun einen Satz zu formulieren, der für das jetzige Leben stimmiger ist. Als Anregung werden mehrere Möglichkeiten für einen sinnvollen Satzbeginn vorgestellt:

- Ich habe das Recht, … (zum Beispiel: mich für mich selbst einzusetzen).
- Ich erlaube mir, … (zum Beispiel: meine Meinung zu sagen).
- Ich darf … (zum Beispiel: mir selbst vertrauen/meinen Weg gehen).
- Ich kann … (zum Beispiel: es mir recht machen).
- Ich trau mich, … (zum Beispiel: gegebenenfalls auch mal Nein zu sagen).

2. Erlaub dir, diesen neuen Satz zu spüren, und stell dir bildhaft mehrere Situationen vor – lebendig, groß –, in denen der Satz sich ab jetzt auf dein Leben auswirken wird.
3. Schreib dir zum Abschluss den neuen Satz, der auch als neuer Glaubenssatz verstanden werden kann, auf. Verbinde ihn 21 Tage mehrmals täglich mit guten Gefühlen, sodass du ihn immer selbstverständlicher lebst.

ÜBUNG FÜR DEN ALLTAG

Nimm dir immer wieder Zeit, und rede mitfühlend mit deinem inneren Kind. Nimm es in deiner Vorstellung an die Hand, streichle es, hör ihm zu, tröste es, wenn etwas schiefgelaufen ist, damit es zunehmend spürt, dass es jetzt sicher ist und geliebt wird. Auf diese Weise kann sich alter Stress lösen, gleichzeitig kannst du gelassener und offener mit den unterschiedlichen Situationen in deinem Alltag umgehen.

Nun folgt zu diesem Thema ein Interview mit der Opernsängerin Maria Rosario, in dem sie über die Bedeutung von Sicherheit, Zweifel, ihre eigenen Ansprüche und Kommunikation spricht.

Interview mit Maria Rosario

Maria ist 34 Jahre alt. Sie hat Gesang studiert und an verschiedenen Opernhäusern gesungen. Sie ist verheiratet und lebt mit ihrem Sohn und Mann in einer Großstadt.

Gabi Pörner: Wie bist du zum Singen gekommen?

Maria Rosario: Ich habe schon immer gesungen, bereits im Kindergarten, und hätte mir ein Leben ohne Singen nicht vorstellen können – also machte ich es zu meinem Beruf. Der gibt mir Sicherheit.

Gabi: Was fällt dir zum Stichwort »Sicherheit« ein?

Maria: Ich verbinde das mit Vertrauen, Geborgenheit, Zuneigung und Liebe, alles, was zwischenmenschlich positiv passiert – dass ich mich auf andere verlassen kann und selbst eine zuverlässige Partnerin bin.

Gabi: Was gibt dir Sicherheit?

Maria: Mein Mann, die Familie, mein Sohn, Freunde und – wie gesagt – mein Beruf. Ich fühle mich durch das Proben der Rollen sicher, kenne mich dann in der ganzen Thematik aus und kann sie im Schlaf.

Gabi: Wodurch merkst du, dass du sicher bist?

Maria: Ich kleide mich so, dass ich mich selbstbewusst und offener fühle. Wenn ich unsicher bin, dann kleide ich mich nicht besonders, will auch nicht unbedingt wahrgenommen werden. Auch etwas zu wissen macht mich sicher – indem ich dazulerne, mich weiterentwickle, lerne ich mich selbst besser kennen. Dann kann ich automatisch besser mit unterschiedlichen Situationen umgehen. Und – Selbstdisziplin ist wichtig, das gibt mir Sicherheit und Klarheit. Ich kann meinen »inneren Schweinehund« überwinden, auch wenn ich keine Lust habe.

Gabi: Woran erkennst du im Gespräch mit anderen, dass du sicher bist?

Maria: An der zugewandten Körperhaltung, an der Freundlichkeit, am sicheren Formulieren. Es macht mir Spaß, zuzuhören und zu reden.

Gabi: Wann wirst du im Gespräch unsicher?

Maria: Wenn jemand eine schroffe Stimme hat, aber auch, wenn ich unerwartet vor den Kopf gestoßen und verletzt werde. Durch eine harsche Konfrontation oder wenn der andere mehr Sicherheit und Autorität ausstrahlt.

Gabi: Wie reagierst du dann?

Maria: Das ist abhängig von meinem eigenen Zustand. Ich reagiere dann meist gar nicht. Wenn ich unsicher bin, versuche ich – wenn möglich –, die Situation zu verlassen.
Wenn dagegen meine Grundsicherheit da ist, dann kann ich unaufgeregt darüber reden, bis ein Missverständnis gelöst ist, und bekomme dadurch noch mehr Klarheit. Ich weiß dann, dass wir – auch wenn unterschiedliche Meinungen da sind – dennoch zusammenhalten und verbunden bleiben.

Gabi: Wie vermittelst du anderen Sicherheit?

Maria: Durch Blickkontakt, der allein gibt anderen Sicherheit. Durch zugewandte Körperhaltung, eine weiche Stimme, runde Gesten – einfach dadurch, dass ich Zeit mit ihnen verbringe und mich selbst öffne. Durch Umarmung, Liebe, geteilte Freude und geteiltes Leid. Ich bin dann für den anderen da und will was Gutes vermitteln.

Gabi: Das klingt sehr schön. Gibt es auch Situationen, in denen du an dir zweifelst?

Maria: Bei meinem Mann zweifle ich nie. Da weiß ich, dass es passt, aber sonst zweifle ich häufig. Ich mache mir viele Gedanken, möchte ja meine eigenen Ansprüche erfüllen. Ich möchte meinem Sohn Sicherheit und Schutz geben. Beides braucht er, um sich entfalten zu können. Man wird in die Mutterrolle hineingeschmissen und muss erst hineinwachsen, auch wenn bedingungslose Liebe da ist. Ich möchte aber zudem auch meinen eigenen Anspruch im Job halten!

Manchmal mache ich mir Sorgen, dass ich andere verletzt habe durch ein Gefühl, einen unbedachten Satz. Ich mache mir Gedanken darüber, wie ich bei anderen ankomme. Ich denke an meine Entscheidungen in der Vergangenheit. »Was wäre besser gewesen ...? Was hätte ich anders machen sollen?« Oder ich mache mir Sorgen um die Zukunft. Ich war bei einem Vorsingen unsicher, hatte nicht viel geübt, war nicht in der Rolle der »Sängerin«. Ich war emotional nicht anwesend, habe meinen Part mechanisch runtergesungen – und so war auch das Feedback. Ich habe den Job nicht bekommen und war enttäuscht. Ich habe meinen Anspruch an mich selbst nicht halten können und an mir gezweifelt. Danach habe ich erst in einem Blumenladen gejobbt, doch ich wollte dann zurück in meinen Beruf und Freude daran haben.

Gabi: Wie hast du deine Freude wiedergewonnen?

Maria: Ich hatte einen Gesangsabend mit einem Kollegen in einer anderen Stadt. Das hat so viel Spaß gemacht, dass ich wieder völlig sicher wurde. Als ich wieder zu Hause war, hab ich mich erneut beworben und wurde zum Vorsingen eingeladen. Ich war durch das letzte Konzert und durch meine Disziplin beim Üben daheim sehr sicher. Ich war gut vorbereitet und konnte es kaum erwarten zu zeigen, vor allem mir selbst, wie gut ich vorbereitet war. Ich war nach dem Vorsingen mit mir total zufrieden – es war egal, ob ich den Job bekomme oder nicht.

Gabi: Und? Hast du den Job bekommen?

Maria: Ja. Und ich habe gelernt: »Ich muss zu mir stehen, dann kann mir niemand was anhaben.« Dann bin ich mit mir zufrieden. Das ist das Wichtigste. Wenn ich zu einer Entscheidung stehe, dann nimmt mein Gegenüber meine Sicherheit wahr.

Gabi: Wodurch stabilisierst du dich?

Maria: Im Moment zu leben und das Beste daraus zu machen. Dadurch bleibe ich gelassen und kann die Zeit genießen. Aber wenn ich dann wieder anfange zu zweifeln ...

Gabi: Wofür könnten diese Zweifel gut sein?

Maria: Sie zwingen mich, etwas genauer anzuschauen und mich zu entscheiden. Denn wenn ich mich nicht entscheide, dann bleibe ich unsicher. Also wäge ich ab und entscheide mich – und falls es sich im Nachhinein als Fehler herausstellt, dann habe ich an Erfahrung gewonnen und wieder etwas dazugelernt: so wie beim ersten Vorsingen.

Gabi: Vielen Dank für das anregende Gespräch.

Zweifel haben – genau wie der innere Kritiker – zweifellos eine positive Absicht: Sie wollen dich vor Häme und Verletzungen schützen. Sie wollen, dass du auf der sicheren Seite bist und »dein Ding« gut machst. Sie wollen dich vor unüberlegten Handlungen schützen und können dir bei deiner Selbsterforschung wertvolle Hinweise liefern. Du kannst auf der mentalen Ebene bewusst erkennen, dass deine kritische Stimme und deine Zweifel Echos aus der Vergangenheit und nur Gedanken sind, die du tatsächlich ändern kannst. Auf der emotionalen Ebene kannst du eine mitfühlende Verbindung zum verletzten inneren Kind herstellen und ihm Schutz und Liebe vermitteln, sodass es sich sicher fühlt.

In dem Interview hat Maria gezeigt, wie wichtig ihr die Familie ist, wie sie durch Üben Sicherheit gewinnt, aber auch wie Zweifel sie stärken und welche Bedeutung Selbstwahrnehmung hat, denn Selbstwahrnehmung und Selbstreflexion sind entscheidend für ein erfülltes Leben. Dazu erfährst du im nachfolgenden Kapitel mehr.

Selbstwahrnehmung: Erkenne dich selbst!

Manche suchen das Glück in der Außenwelt
und wundern sich,
dass sie enttäuscht werden.
Das wahre Glück des Lebens besteht darin,
sich nach innen zu wenden
und sich jeden Tag mehr selbst zu vertrauen.

Susanne Ehrenspeck

Möglicherweise gibt es in deinem Leben bestimmte Situationen, in denen du wiederholt reagierst, wie du es nicht möchtest, etwa so wie Britta in dem folgenden Fallbeispiel. Du bist beleidigt, gehst an die Decke oder bist trotzig. Deine konditionierten Muster und Gewohnheiten haben das Zepter übernommen.

Genau an solchen Punkten hast du die Chance, deine Gedanken wie deine Gefühle bewusst wahrzunehmen, aber auch dein eigenes Verhalten zu überdenken, dich selbst zu erforschen und zu überlegen, was du mit deinen Erkenntnissen nun machen möchtest.

Du kannst dir aber auch über deine Stärken, deine Talente, deine Fähigkeiten Gedanken machen, sie bewusst wahrnehmen und anerkennen, dass du in vielen Bereichen schon eine Menge gelernt und erreicht hast.

Fallbeispiel: Atemlos durch den Tag

»Du kannst dir doch etwas Zeit lassen«, hört meine Coachingkundin Britta immer wieder. Sie ist Projektmitarbeiterin in einem Unternehmen. »Ja, ich weiß, aber es gibt so viel zu tun«, lautet dann ihre Standardantwort, um schnell weiterzuarbeiten. Sie will einfach mehr in weniger Zeit schaffen, um die Stunden möglichst gut auszunutzen. Sie wirbelt atemlos durch den Tag und reagiert genervt, wenn andere langsamer sind. Sie treibt ihre Teammitglieder unentwegt an und steht ständig »unter Strom«. Nach der Arbeit hetzt sie zum Einkaufen und zum Sport. Wenn sie wieder zu Hause ist, kocht sie und fällt schließlich erschöpft ins Bett. Natürlich kann es passieren, dass sie bei ihrem Tempo Leichtsinnsfehler macht oder dass sie etwas vergisst, aber sei's drum, dafür ist sie mit Abstand die Schnellste im Team.
»Ich weiß auch nicht, warum ich das mache«, meint sie. »Ich kann halt nicht anders.«

Bevor du weiterliest, bitte ich dich, zunächst einmal innezuhalten, folgende Fragen zu beantworten und die Antworten in dein Notizheft einzutragen:

1. Was bedeutet »Selbstwahrnehmung« für dich?
2. Was kannst du durch bewusste Selbstwahrnehmung gewinnen?
3. Wie gut kannst du gerade jetzt deine Gedanken, deine Gefühle und deinen Körper auf einer Skala von 1 bis 10 wahrnehmen?
4. Was müsste geschehen, dass du dich selbst noch besser wahrnimmst?

Warum Selbstwahrnehmung so wichtig ist

Manche Menschen nehmen sich selbst nur flüchtig wahr, andere sehen sich selbst recht unrealistisch, zum Beispiel Ex-US-Präsident Donald Trump, der über eine von ihm gegenüber der Türkei angedrohte Entscheidung nach dem Truppenabzug aus Nordsyrien sagte, er werde sie in seiner »großartigen und unvergleichlichen Weisheit« treffen.[2] Und wieder andere lenken ihre ganze Aufmerksamkeit auf die Außenwelt, auf die Familie, ihre aktuelle Arbeit, auf Geschehnisse in der Umwelt. Sie analysieren, bewerten, planen, entscheiden und tun den ganzen Tag Dinge, die gerade zu tun sind. Zu dem kommen noch die Medien, Instagram, Twitter, Facebook. Sie wollen schnell »mal schauen, was es Neues gibt«. Doch durch die ständige Außenorientierung gerät der Einzelne immer mehr in den Modus des Funktionierens. Er vergisst, sich selbst wahrzunehmen, wie er sich selbst fühlt, was sich in seinem Körper abspielt oder welche Bedürfnisse und Wünsche er selbst hat. Deshalb ist bewusste Selbstwahrnehmung zur inneren Verortung als Gegengewicht zur Außenorientierung notwendig.

Unter Selbstwahrnehmung versteht man die Kunst, die eigenen Gedanken, Gefühle, den Körper, aber auch die Handlungen zutreffend wahrzunehmen und ihre Wirkung auf andere adäquat einzuschätzen. Bewusste und ehrliche Selbstwahrnehmung kann der Beginn eines lebenslangen, lohnenden und spannenden Lernprozesses sein. Sie ist ein wesentlicher Baustein zur Vertiefung des Selbstvertrauens.

Du brauchst sie als Grundlage, um deine Bedürfnisse, Fähigkeiten und Talente, deine Gedanken und Gefühle, aber auch mentale Bremsen zu erkennen und zu unterbrechen, sodass du dich bewusst weiterentwickeln und deine Träume und Ziele leichter verwirklichen kannst.

Bewusste Selbstwahrnehmung bildet die Basis einer realistischen Einschätzung deiner selbst und ist das Fundament für Veränderung, Entwicklung und inneren Frieden.

Dies bedeutet, bewusst deine positiven Seiten und Kraftquellen wahrzunehmen und in dir zu spüren, aber auch deine Grenzen und die Aspekte, die du am liebsten vor anderen und vor dir selbst verstecken möchtest. Ehrlich zu sich selbst zu sein, nichts zu beschönigen, nichts kleinzureden oder sich nicht zu verurteilen kann schon eine Herausforderung sein! Kurzfristig mag es unangenehm sein zuzugeben, dass du manchmal Fehler machst oder Menschen vor den Kopf stößt und verletzt. Doch *alle* Seiten wollen gesehen, gespürt und in dein Leben integriert werden. Wir alle haben sämtliche Aspekte in uns, ohne Ausnahme!

ÜBUNG: SICH SELBST BESSER WAHRNEHMEN

Wenn du dich im Lauf der Zeit immer besser wahrnimmst, wirst du zunehmend sicherer, vertraust dir, nimmst deine kleinen Macken zunehmend mit Humor und Mitgefühl wahr. Im Einzelnen geht es dabei um folgende Punkte:

1. *Das Wahrnehmen der eigenen Gedanken*
   Das bewusste Wahrnehmen deiner Gedanken hat viel mit deinem Selbstbild zu tun, was du über dich denkst. Zur Wahrnehmung der Gedanken gehören auch Träume, Erinnerungen, Fantasien, Ansichten, Meinungen, Erwartungen, Vorlieben, aber auch deine Bewertungen, Vergleiche und Urteile.
   Gib dir zuerst genügend Zeit zur schriftlichen Beantwortung folgender Fragen:

- Was denkst du über dich?
- Wie zufrieden bist du gerade jetzt mit dir (auf einer Skala von 1 bis 10)?
- Wie erlebst du dich in den unterschiedlichen Rollen – privat und beruflich?
- Welche Werte sind für dich wichtig und wieso?
- Wie reagierst du, wenn jemand einen deiner Werte missachtet?
- Welche Stärken hast du?
- Welche Potenziale siehst du in dir, die noch mehr gelebt werden wollen?
- Wodurch sammelst du Kraft?
- Welche Fähigkeiten willst du weiter ausbauen und warum?

2. *Das Wahrnehmen der eigenen Gefühle*
Viele Menschen nehmen ihre Gefühle kaum wahr, vielmehr denken sie darüber nach, welche Gefühle in einer bestimmten Situation adäquat wären. Sie haben gelernt, bestimmte Gefühle zu unterdrücken, und wundern sich, dass sie dann in manchen unpassenden Situationen überstark zum Vorschein kommen. Sich Gefühle zu erlauben ist sehr wichtig. Sie zeigen dir auf, wie es dir geht. Sie können deine Energie, dein Selbstvertrauen schmälern oder deinem Leben Lebendigkeit, Freude und Würde verleihen, dir Zuversicht und Selbstvertrauen schenken. Gute Gefühle motivieren und beflügeln dich. Sie führen dich zu höchsten Höhen, aber auch durch tiefste Täler. Sie bereichern dein Leben und geben dir die Kraft, dich engagiert und begeistert für deine Ziele einzusetzen, motivierend darüber zu sprechen, tatkräftig zu handeln und bei unerwarteten Herausforderungen bis zum Abschluss am Ball

zu bleiben. Erlaub dir, immer wieder wahrzunehmen, dass du bewusst deine Gefühle ändern kannst, wenn es dir sinnvoll erscheint. Dabei wird es dir helfen, wenn du dich intensiv an angenehme, freudvolle Erlebnisse erinnerst und sie im Körper noch einmal gut spürst. Es geht immer auch darum, die eigenen Grenzen wahrzunehmen und anzuerkennen. Diese spürst du am besten, wenn du dich über jemanden aufregst oder dich über etwas ärgerst. Dann kannst du sofort nachschauen, an welchem konkreten Punkt der andere oder eine bestimmte Situation Auslöser für deine Gefühle war – ob deine Erwartungen nicht erfüllt wurden oder ob du deine eigene Erwartung nicht erfüllt hast, sodass du gegebenenfalls deine Gedanken oder dein Verhalten ändern kannst.

Nimm dir nun einen Augenblick Zeit:

- Wie fühlst du dich gerade jetzt, während du diese Zeilen liest? Woran merkst du das?
- Von welchen Gefühlen hättest du gern weniger?
- Von welchen Gefühlen hättest du gern noch mehr?

3. *Das Wahrnehmen des eigenen Körpers*

Mach dir immer wieder klar: Dein Körper ist ein Wunder – und ein sehr feines Wahrnehmungsinstrument. Er sendet dir pausenlos Signale, wie gut es dir geht, ob du dich unsicher oder sicher und verbunden fühlst. Er verarbeitet die von innen und außen kommenden Informationen selbstregulierend, sie sind unbewusst! Wenn du die Vielzahl der Körperinformationen und inneren Prozesse bewusst steuern müsstest, würdest du längst nicht mehr leben! Dein Körper sagt dir, wann du dich gut, voller Energie und Tatendrang fühlst, aber auch, wann du die Grenzen der Belastbarkeit erreicht hast und eine Pause einlegen oder dich bewegen solltest. Doch weil wir in einer sehr kopflastigen Gesellschaft leben, nehmen viele Menschen ihren Körper nicht oder nicht adäquat wahr. Ihr Körper soll möglichst reibungslos funktionieren. Sie nehmen ihn in aller Regel nur dann bewusst wahr, wenn etwas nicht in Ordnung ist, wenn es irgendwo zwickt oder schmerzt, und gehen oft jahrelang über ihre Grenzen, bis sie schließlich krank werden. Daher ist es für deine Gesundheit, dein Wohlbefinden und deine ganz persönliche Zufriedenheit sinnvoll und notwendig, auf deinen Körper zu achten, seine Signale ernst zu nehmen und auf sie zu hören. Er gibt dir klare Hinweise, wodurch du Energie gewinnst – nämlich durch vollwertiges Essen, ausreichend Trinken, wohltuenden Schlaf, Bewegung, genug Erholung und Entspannung, aber auch durch Begeisterung und Freude am eigenen Tun, Mut zu Neuem, Vertrauen. Doch du weißt sicher selbst, was dein Körper braucht! Nimm dir ein paar Minuten Zeit und erlaub dir, deinen Körper zu spüren. Was nimmst du gerade in dir jetzt wahr? Wie tief atmest du in diesem Moment? Wie bequem ist deine Haltung gerade jetzt?

4. *Das Wahrnehmen des Verhaltens*

   Natürlich geht es auch darum, wie wir handeln – wie schnell wir ins Handeln kommen, wie umsichtig wir dabei sind, wie tatkräftig wir anpacken und auch bei inneren und äußeren Hürden unser Ziel im Auge behalten. Beobachte dich dabei, wie bewusst du deinen Alltag lebst, wie viel Zeit du dir für eine Aufgabe lässt, wie gelassen und achtsam du arbeitest. Für den Fall, dass du mehrere Aufgaben mög-

lichst gleichzeitig machen möchtest, erlaub dir, dass du dir tatsächlich eine nach der anderen vornimmst. Ein wesentlicher Aspekt bei den Handlungen ist auch, wie du mit anderen zusammenarbeitest, wie du dich einbringst, wie du mit anderen redest.
Nimm dir auch hier wieder ein paar Minuten Zeit, um dich zu fragen:

- In welchen Situationen fällt es dir leicht, dich einzubringen?
- In welchen Situationen fällt es dir schwer?
- Wie gut hörst du zu, wenn ein anderer spricht?
- Bei wem interessiert es dich mehr, bei wem weniger, was der/die Betreffende sagt, und womit hängt das zusammen?
- Wie reagierst auf die Zustimmung anderer Menschen?
- Wie reagierst du, wenn ein anderer eine völlig andere Meinung vertritt als du selbst?

Die »Zutaten« für eine bewusste Selbstwahrnehmung

Wie bei jedem guten Gericht braucht es auch für jede Art von Selbstwahrnehmungsübungen bestimmte Zutaten:

1. *Innehalten – langsamer werden*
   Während du im Alltag aktiv und geschäftig den Aufgaben nachkommst, lässt du dir bei bewussten Selbstwahrnehmungsübungen genügend Zeit und wirst bewusst langsamer. So kannst du deutlicher und besser erkennen, was sich in dir abspielt.

2. *Offen und freundlich wahrnehmen, was jetzt ist*
   Es geht nicht darum, eine Situation oder sich selbst zu analysieren, noch darum, tiefschürfende oder hochtrabende Gedanken zu wälzen. Es geht auch nicht darum, nach überbordenden Glücksgefühlen Ausschau zu halten oder über das eigene Leben zu philosophieren. Es gilt, offen und freundlich wahrzunehmen, was immer du gerade in dem Moment denkst, wie du dich gerade in dem Augenblick fühlst, was du körperlich empfindest.
3. *Nicht werten, nicht urteilen*
   Etwas nicht sofort zu beurteilen kann eine Herausforderung sein. Die meisten von uns sind es gewohnt, bei allem, was wir denken, fühlen und tun, zu werten und zu urteilen. Wenn wir glücklich sind, wollen wir das Glück möglichst lange festhalten, wenn wir einen Schmerz verspüren, wollen wir ihn möglichst rasch loswerden. Wenn wir uns ärgern, kämpfen wir gegen den Ärger an. Wenn wir uns unsicher fühlen, wollen wir uns schnell wieder sicher fühlen und bekämpfen die Unsicherheit.

Leider ist es so, wie ich schon im Kapitel über den Zweifel geschrieben habe, dass wir alles, was wir bekämpfen, stärker machen und damit das Gegenteil dessen erreichen, was wir wollen! Ein altes Sprichwort sagt: »Kampf führt zu Krampf.« Das ist nicht besonders sinnvoll!

Es gilt, alle Gefühle, Gedanken oder Körpergefühle *ohne* Bewertung offen und freundlich wahrzunehmen – eben alles, was in uns auftaucht. Und wenn du eine Wertung wahrnimmst, dann nimm auch sie wohlwollend und nicht wertend wahr.

Wenn du dich immer wieder in bewusster Selbstwahrnehmung übst, dann entwickelt sich im Lauf der Zeit eine Instanz, die im Buddhismus oder in anderen spirituellen Traditionen als

»innerer Zeuge« oder »innerer Beobachter« bezeichnet wird. Dieser innere Zeuge nimmt dein Denken, Fühlen und Handeln aus der Beobachterperspektive wahr; das heißt, er lässt sich nicht in eine Situation hineinziehen und wertet auch nicht. Er verwechselt konkrete Situationen nicht mit deinen Gedanken, er kommentiert nicht. Er ist nicht in mögliche Dramen oder in Probleme involviert, sondern er behält neutral den Abstand zu einer Situation. Er hilft dir, Dinge aus einem anderen Blickwinkel zu sehen und bei herausfordernden Situationen bei dir zu bleiben und einen kühlen Kopf zu bewahren.

Tatsächlich sind wir eine Gedanken-Gefühls-Körper-Verhaltens-Einheit. Wenn du in einem Bereich etwas veränderst, so hat dies Auswirkungen auf alle anderen.

Wenn du deinen Körper bewusst wahrnimmst, kannst du ihn und deine persönlichen Grenzen besser spüren, kommst mehr zu dir und kannst langfristig in dir selbst verankert bleiben. Menschen, die ein Trauma erlitten haben, können oft aus gutem Grund ihren Körper und ihre Gefühle schlecht wahrnehmen, doch im Lauf einer Therapie lernen sie, langsam und sicher ihren Körper, aber auch ihre Gefühle wieder zu integrieren, und können »bei sich bleiben«.

Als ich an einer Ausbildung in Somatic Experiencing® teilnahm, einer sehr effektiven Methode zur Verarbeitung von Traumata und anderen stressreichen Ereignissen, wurde ich in meiner ersten Ausbildungssession von meiner Trainerin gefragt: »Was spürst du jetzt im Körper?«

Ich antwortete: »Ich fühle mich gut.«

Sie fragte erneut: »Was *genau* spürst du gerade im Körper?«

Ich antwortete genervt: »Ich fühl mich gut, habe ich schon gesagt.«

Sie wiederholte die Frage – und ich verstand nicht, warum sie die Frage noch einmal stellte.

Als sie meine Irritation merkte, meinte sie: »Die meisten Menschen können nicht oder nur sehr ungenau beschreiben, was sie im Körper spüren. Sie geben allgemeine Antworten. Dein Verstand kann lernen, immer feinere Unterschiede in deinen Gefühlen und deinem Körper zu erkennen und sie zu benennen. Dadurch spürt dein Körper diese Unterschiede und kann sich selbst besser regulieren.«

Die folgende Übung soll dich darin unterstützen, deinen Körper noch besser wahrzunehmen.

ÜBUNG: KÖRPERWAHRNEHMUNG ODER BODYSCAN

Bitte nimm dir für diese Übung 15 bis 20 Minuten Zeit.

Sorg als Vorbereitung für diese Übung dafür, dass du ungestört bist und lockere Kleidung trägst. Setz dich bequem auf einen Stuhl oder leg dich auf eine Unterlage, sodass du dich wohlfühlen und entspannen kannst.

Schließ nun deine Augen, und nimm für ein paar Atemzüge wahr, wie du atmest und wie angenehm deine Körperhaltung gerade jetzt ist. Lenk dann deine Aufmerksamkeit systematisch und bewusst auf deinen Körper.

Beginne mit den *Füßen* – genauer: mit dem linken Fuß. Richte deine Aufmerksamkeit auf deinen linken Fuß, die Fußsohle und die Zehen. Nimm dabei wahr, wie diese sich gerade jetzt anfühlen. Warm? Kalt? Oder ganz anders?

Geh dann weiter zur linken Ferse, zum Knöchel und langsam weiter den linken Unterschenkel hoch bis zum *Knie*. Wie fühlt sich dein Knie an? Geh weiter zum linken *Oberschenkel*, und nimm wahr, wie er auf der Unterlage aufliegt.

Danach nimmst du dein ganzes linkes Bein auf einmal wahr und lenkst dann deine Aufmerksamkeit zum rechten Bein, der rechten Fußsohle und den Zehen. Nun nimmst du langsam den rechten Unterschenkel, das Knie und den Oberschenkel und danach das ganze rechte Bein auf einmal wahr.

Nun folgt dein *Rücken*. Lenk deine ganze Aufmerksamkeit auf deinen Rücken. Geh langsam von unten nach oben Wirbel für Wirbel die Wirbelsäule hoch, und nimm danach deinen ganzen Rücken auf einmal wahr.

Richte nun deine Aufmerksamkeit auf deinen *Bauch,* und nimm wahr, wie er sich beim Atmen in seinem eigenen Rhythmus hebt und senkt. Danach gehst du mit deiner Aufmerksamkeit zum *Brustraum* und nimmst auch hier deinen Atem wahr, den du bis in die Schultern spüren kannst.

Lenk nun deine Aufmerksamkeit auf die *Arme* – genauer: den linken Arm – und beginne bei deiner Hand. Wie fühlt sich deine linke Hand an – gerade jetzt? Warm? Kalt? Kribbelt sie?

Dann gehst du mit deiner Aufmerksamkeit langsam weiter zum linken Unterarm, dem Ellbogen und dem Oberarm. Schließlich nimmst du den ganzen Arm auf einmal wahr.

Nun gehst du weiter zum rechten Arm, zur rechten Hand. Was spürst du da? Du lenkst nun deine Aufmerksamkeit weiter zum rechten Unterarm, dem Ellbogen und dem rechten Oberarm. Danach nimmst du den ganzen rechten Arm auf einmal wahr.

Nun lenkst du deine Aufmerksamkeit zum *Hals* und zum *Kopf.* Wie locker ist dein Kinn gerade jetzt? Wie entspannt sind dein Mund, deine Wangen, deine Augen und deine Stirn? Wie fühlen sich deine Ohren und dein Hinterkopf an?

Nimm dir abschließend etwas Zeit, und spür nach, wie sich dein ganzer Körper gerade jetzt anfühlt und wie entspannt du nun bist.

Das ehrliche Anerkennen der eigenen Gedanken, Gefühle, Empfindungen und Handlungen ist essenziell für bewusste Selbstwahrnehmung. Du kommst immer besser mit dir selbst in Kontakt, es fällt dir leichter, bei dir zu bleiben, dich selbst besser zu verstehen und anzunehmen. Durch bewusste Selbstwahrnehmung spürst du, was dir guttut und was nicht, und kannst gut für dich selbst sorgen. Du fühlst dich klar und sicher, sodass sich dein Selbstvertrauen wie von allein vertieft. Du wirst immer selbstbewusster und kannst mit den unterschiedlichsten Anforderungen zielführend umgehen und weißt, an welchen Punkten du empfindlich reagieren könntest, aber nicht unbedingt musst. Du hast zunehmend die Wahl, wie du handeln willst. Du bekommst noch mehr Kontrolle über deine Gedanken und Gefühle.

Schon die alten Griechen wussten um die Bedeutung der Selbstwahrnehmung. Der Spruch »Erkenne dich selbst«, der das Orakel von Delphi geschmückt haben soll, kann auch heute noch als Ermutigung für uns alle verstanden werden. Deshalb – hör auf, dich mit anderen zu vergleichen, du bist ein Unikat!

Gerade wenn wir etwas Neues lernen, ist Üben notwendig, damit sich im Gehirn neue neuronale Bahnen bilden und wir immer sicherer werden. Andererseits haben wir bestimmte Denk- und Verhaltensweisen so oft geübt, dass sie uns in Fleisch und Blut übergegangen sind. Dies bringt viele Vorteile mit sich, ist aber auch mit einigen gravierenden Nachteilen verbunden. Damit befassen wir uns im nächsten Kapitel.

Warum wir uns manchmal schwertun, uns auf Neues einzulassen

Die meisten Menschen sehnen sich nach Sicherheit.
Dabei ist das einzig Sichere,
dass es vollkommene Sicherheit nicht gibt.
Chris Hunt

Wieso fallen wir immer wieder in unsere alten Denk- und Verhaltensmuster zurück, obwohl wir uns fest vorgenommen haben, unser Verhalten zu ändern? Zum Beispiel:

- Manche Menschen würden gern pünktlich von der Arbeit nach Hause gehen, doch sie machen weiter täglich Überstunden.
- Andere wollen regelmäßig joggen, geben aber nach ein paar Tagen entnervt auf.
- Und wieder andere nehmen sich fest vor, einen bestimmten Konflikt mit ihrem/ihrer Partner*in zu klären, aber sie beschweren sich lediglich bei ihren Freund*innen über ihn/sie.

Obwohl wir theoretisch längst wissen, dass es für uns gut und sinnvoll wäre, ein bestimmtes Verhalten zu verändern, fällt es uns manchmal sehr schwer, uns auf etwas Neues einzulassen. Womit könnte das zusammenhängen?

An dieser Stelle kommen die allseits bekannten Gewohnheiten ins Spiel, und die können, wie du sicher aus eigener Erfahrung weißt, ganz schön hartnäckig sein und deine Vorhaben durchkreuzen. Denn wie jeder andere Mensch auf diesem Planeten hast auch du vermutlich über Jahre ein tägliches Training zum Erlernen und Festigen bestimmter Denk- und Verhaltensweisen absolviert. Dadurch hat sich, gänzlich unbewusst, deine ureigene spezielle Komfortzone mit all den persönlichen Gewohnheiten, mit all den Vor- und Nachteilen entwickelt.

Der Begriff »Komfortzone« wurde aus dem Englischen übernommen *(comfort zone)*. Er bezeichnet einen individuellen Bereich unseres Lebens – privat und/oder gesellschaftlich –, in dem wir uns bequem eingerichtet haben und in dem Denk-, Fühl- und Handlungsmuster in ähnlichen Situationen immer wieder automatisiert ablaufen. Im Rahmen deiner Komfortzone setzt du dein erworbenes Wissen und Können, deine Fähigkeiten und Stärken ein. Du weißt, wie du dich zu verhalten hast, um bestätigt und akzeptiert zu werden. Manche Menschen haben gelernt, möglichst perfekt, schnell, hilfsbereit oder leistungsstark zu sein. Andere haben trainiert, stark zu sein, sich durchzusetzen und Macht auszuüben. Die Nächsten sind dahingehend konditioniert, ihre eigene Meinung zurückzuhalten, freundlich und bescheiden zu sein, manche Themen überhaupt nicht erst anzusprechen, unangenehme Situationen auszusitzen und spontanes Verhalten zu unterdrücken.

Viele Menschen trauen sich daher nicht, sich abzugrenzen und sich für ihre eigenen Belange und Bedürfnisse einzusetzen. Sie haben Angst, als egoistisch zu gelten, andere zu verletzen, zu verärgern oder Fehler zu machen. Sie trauen sich nicht, ihre Wahrheit auszusprechen, oder sind zu schüchtern, ihre Kompetenz offen zu zeigen, fürchten, sich zu blamieren, gar zu scheitern und damit das Ansehen zu verlieren. Stattdessen bleiben sie lieber in ihrer subjektiv bekannt-vertrauten Komfortzone.

Nun mag es zunächst so klingen, als ob die Komfortzone etwas Negatives sei – obwohl *überwiegend* so verstanden, ist sie es aber ganz bestimmt nicht. Die Komfortzone ist existenziell wichtig – für jede Gesellschaft, jedes Unternehmen, jede Gruppe, jede Familie und für jeden einzelnen Menschen. Wir *alle* brauchen sie. Sie bietet eine Vielzahl an Vorteilen, doch wenn jemand sich sehr lange darin aufhält, dann führt dies sukzessive zu Nachteilen, was ich ausführlich in meinem Buch *Der Weg zur Gelassenheit* beschrieben habe.[3]

Wofür brauchen wir die Komfortzone?

Viele Menschen sind für Veränderung – theoretisch. Sie sind für Innovation, Kreativität und Spontaneität – theoretisch. Doch wenn es an die Umsetzung geht und sie in ihrem Leben tatsächlich etwas verändern könnten, dann sieht die Sache anders aus. Und das hat gute Gründe.

Unsere Komfortzone verschafft uns viele Vorteile. Sie befriedigt unser fundamentales Bedürfnis nach Sicherheit. Weil in der Komfortzone alles bekannt, vertraut und alles gewohnt ist, kann sie dieses wohltuend beruhigende und behagliche Grundgefühl vermitteln. Wir fühlen uns geschützt, geborgen, gut aufgehoben und grundsätzlich bestätigt. Wir haben im Lauf unseres Lebens bestimmte Werte, gesellschaftliche Normen und Tabus übernommen und bestimmte Erfahrungen gemacht, Wissen, Fähigkeiten und Routinen aufgebaut, über die wir nun automatisch verfügen und sie jederzeit abrufen können. Unser Denken folgt daher einer unbewussten Ordnung, wir wissen eindeutig, was gut und was schlecht, was richtig und falsch ist, und handeln entsprechend. Wir haben eine klare innere Orientierung und können die alltäglichen Eindrücke und Gegebenheiten rasch einordnen. Diese automatisierten Denk- und Verhaltensmuster sind

Quasi-Naturgesetze, vereinfachen und erleichtern unser Leben, reduzieren die Komplexität der Realität auf vermeintlich Bekanntes und sparen obendrein Energie. Wir haben Rituale entwickelt, die sich gleichförmig täglich wiederholen, zum Beispiel Morgenrituale – aufstehen, duschen, Zähne putzen, kämmen, anziehen, frühstücken. Diese Muster haben sich in unserem Leben bewährt, sonst hätten wir sie nicht. Sie entlasten unser Gehirn, sind daher ökonomisch sinnvoll und helfen uns, die Herausforderungen des Alltags zu meistern. Unser Gehirn kann sich daher mit aktuellen Gegebenheiten, mit Problemlösungen, Strategien und deren Umsetzung beschäftigen oder blitzschnell reagieren, wenn es darauf ankommt! Praktisch – oder?

Es würde unser Gehirn maßlos überfordern, wenn wir solche automatisierten Gewohnheiten nicht hätten, sondern alles stets neu denken und dann entsprechend handeln müssten. Stell dir nur einmal vor, du müsstest bei allem, was du machst, bewusst überlegen, was du zu tun hast, wie du deine Schuhe anziehst und wie du die Schnürsenkel zubindest. Das Leben wäre mehr als beschwerlich und anstrengend. Alles würde wesentlich langsamer und mühsamer zu bewerkstelligen sein! Im Laufe unseres Lebens haben wir ein bestimmtes Selbstverständnis gewonnen, ein bestimmtes Selbstbild entwickelt, und wir brauchen uns innerhalb der Komfortzone nicht infrage zu stellen. Wir wissen in aller Regel, wer uns wohlgesinnt ist, wem wir uns anvertrauen können, wissen aber auch, bei wem wir aufpassen und vorsichtig sein müssen. Wir schöpfen aus der Komfortzone Kraft und Energie ebenso wie Selbstvertrauen, sogar dann, wenn wir uns nur an bestimmte positive Ereignisse erinnern und sie mit allen Sinnen erneut wachrufen.

Innerhalb der Komfortzone fühlen wir uns unangreifbar, sind auf der »sicheren Seite« des Lebens, schließlich teilen wir mit vielen anderen Menschen derselben Kultur ähnliche Werte,

Normen und Gepflogenheiten. Dies gibt uns das Gefühl von Kontrolle, Stärke und Macht. Wenn das keine großartige Belohnung ist!

Also können wir für unsere Gewohnheiten dankbar sein und aufatmen in dem Wissen, dass sie etwas Gutes für uns tun wollen. Bei all diesen Vorteilen ist es verständlich und nachvollziehbar, dass wir uns liebend gern in unserer Komfortzone aufhalten und unseren automatisierten Denk- und Verhaltensmustern folgen. Doch bekanntermaßen hat alles zwei Seiten, wie schon angeklungen ist, so auch die Komfortzone.

Langfristige Nachteile der Komfortzone

Wenn jemand in Unternehmensmeetings eine neue Idee einbringt, höre ich manchmal Sprüche wie: »Das haben wir noch nie so gemacht!«, »An sich eine gute Idee, aber dafür ist die Zeit jetzt noch nicht reif«, »Das geht auf keinen Fall!« und so weiter. Schlimmstenfalls wird derjenige, der die neue Idee eingebracht hat, sogar persönlich angegriffen, indem man seine Kompetenz infrage stellt: »Sie haben doch gar keine Ahnung.«

Was haben diese Sätze mit der Komfortzone zu tun? Es sind typische »*Totschlag*-Argumente«, um neue Ideen kategorisch abzuschmettern. Das Altvertraute hat doch bisher gut geklappt. Warum also etwas ändern?

Manche Menschen regen sich tagtäglich über dieselben Dinge auf und sind keinem wirklichen Argument zugänglich. Sie wiederholen dieselben Ansichten, jammern, klagen über die immer gleichen Dinge. Und ja, manchmal macht es auch Spaß, fünf Minuten bei einer Jammerarie mitzumachen. Doch wenn diese das Alltagsleben dominiert, dann ist das ein sicheres Zeichen dafür, dass die betreffende Person sich ausschließlich in ihrer Komfortzone bewegt.

Was also kann passieren, wenn jemand lang und immer länger in seiner Komfortzone bleibt?[4]

Menschen fühlen sich auf der einen Seite wohl, so wie ihr Leben momentan verläuft. Auf der anderen Seite sind sie aber oft auch frustriert, unzufrieden und enttäuscht. Sie verharren in den immer gleichen Routinen. Sie werden behäbig und finden immer mehr Gründe und Ausreden, warum alles beim Alten bleiben soll. Oft denken sie an all das Schlechte, das vielleicht passieren könnte. Ihre Gedanken kreisen stets um dieselben Dinge, sie malen sich alle möglichen Katastrophenszenarien aus, inhalieren Schreckensmeldungen und klagen: »Früher war alles besser.« Manchmal werden diese Menschen im Lauf der Zeit missmutig, können immer schlechter zuhören, meckern und kritisieren an allem und jedem herum, werden engstirnig und stur. Je länger sie in der Komfortzone bleiben, desto mehr wird sie nach außen mit Nachdruck verteidigt. Sie reagieren ärgerlich auf Neues, geben anderen die Schuld, weisen abweichende Ansichten vehement zurück und wundern sich, dass sie häufig im Stress sind. Sie ziehen sich zurück, kündigen innerlich, fühlen sich als Opfer der Firma, des Staates oder der Familie und können resignieren. Oftmals entstehen im Lauf der Zeit zudem körperliche Probleme. Keine Frage, ihr Gleichgewicht ist aus dem Lot geraten.

Doch auch wer lange in seiner Komfortzone verweilt, handelt aus bester Absicht; denn er will mit seiner Erfahrung, seinem Wissen und Können gesehen werden und hat die Befürchtung, dass bei Veränderungen seine Leistung nicht mehr wertgeschätzt und gebraucht wird. Er will unbewusst den Status quo und damit die eigene Sicherheit aufrechterhalten und sein Selbstbild schützen, wehrt deshalb erst mal alles ab, was dieses infrage stellen könnte. Leider verbaut er sich dadurch unwissentlich manch zukünftige Chance.

Das heißt keineswegs, dass jeder von nun an ständig seine Komfortzone verlassen sollte – ganz bestimmt nicht. Wir brauchen alle einen Raum für unsere Sicherheit, in dem wir uns entspannen, Kraft schöpfen und erneuern können, um dann wieder nach außen zu gehen und uns auf Neues einzulassen. Doch je länger jemand in seiner Komfortzone verweilt, desto mehr Nachteile sind damit verbunden. Es gilt, eine ausgewogene Balance dafür zu finden, wann es sinnvoll ist, in der Komfortzone zu bleiben, und an welchen konkreten Punkten es für deine Entwicklung besser ist, dich auf etwas Neues einzulassen.

NACHTEILE DER KOMFORTZONE

Wer sich zu lange und fast ausschließlich in seiner Komfortzone aufhält,

- lernt nichts dazu,
- bewegt sich nur noch auf bekannt-vertrautem Terrain,
- hat zunehmend Angst vor dem Verlassen der Komfortzone,
- wehrt Neues immer mehr ab,
- reagiert gestresst, wenn neue Anforderungen an ihn gestellt werden.

Die Komfortzone hat etwas von einem gemütlichen Liegen auf der Couch, und wer verlässt schon gern einen gemütlichen Platz?

Das Fatale ist, dass diejenigen, die lange in ihrer gewohnt-vertrauten Komfortzone bleiben, gar nicht merken, dass sie sich innerhalb eines begrenzten Gebiets befinden und automatisiert denken und handeln. Sie wähnen sich selbstbestimmt, während Umstehende erkennen, dass diejenigen nach dem immer gleichen Schema agieren. Das ist nicht nur schade, sondern führt wie gesagt langfristig zu eingefahrenen Denk- und Verhaltensweisen, und von dort aus ist es oft nur ein kleiner Schritt zum Denken in Vorurteilen beziehungsweise vorgefassten Meinungen.

Es gilt deshalb, sich immer wieder klarzumachen, dass sich äußere Situationen, Lebens- und Arbeitsbedingungen laufend ändern, sodass jeder von uns aufgefordert ist, den eigenen Lebensstil, die eigenen Gewohnheiten zu überdenken, immer wieder einmal die Komfortzone zu verlassen und sich bewusst und schrittweise auf Neues einzulassen.

ÜBUNG: WO MÖCHTEST DU DEINE KOMFORTZONE VERLASSEN?

Um herauszufinden, wo du dich auf ausgetretenen Pfaden bewegst und wo du neue Wege finden möchtest, stell dir folgende Fragen, und lass die Antworten erst einmal auf dich wirken, bevor du sie in dein Notizbuch einträgst:

1. Über welche Fähigkeiten verfügst du ganz automatisch, ohne darüber nachzudenken?
2. Welche deiner Gewohnheiten tun dir gut? Woran spürst du das?
3. Gibt es eine Gewohnheit, mit der du selbst unzufrieden bist?

4. Welche negativen Konsequenzen sind damit verbunden, wenn du diese Gewohnheit beibehältst?
5. Welche positiven Konsequenzen könnten damit verbunden sein, wenn du diese Gewohnheit bewusst aufgibst und etwas Neues in deinem Leben zulässt?

Es wäre wundervoll, wenn Menschen wüssten, welche Geschenke sie ganz automatisch bekommen, sobald sie bewusst und achtsam aus ihrer Komfortzone hinaustreten und sich auf etwas Neues einlassen.

Die Komfortzone verlassen und gewinnen

Wenn du die Komfortzone bewusst verlässt, muss es dabei nicht gleich und grundsätzlich um die ganz großen Entscheidungen des Lebens gehen, wie zum Beispiel einen Ortswechsel, eine Hochzeit, eine Trennung oder die Kündigung einer festen beruflichen Stelle. Sinnvoll ist es, dir zu überlegen, was du auch in gewöhnlichen Alltagssituationen wirklich möchtest, und daraus ein konkretes, messbares und realistisches Ziel abzuleiten, möglichst mit einem Termin versehen, und dieses konsequent in die Tat umzusetzen.

Zwei Fallbeispiele: Raus aus der Komfortzone!

Für eine Coachingkundin war es wichtig, dass sie es sich erlaubte, schon um 18.00 Uhr nach Hause zu gehen, denn sie war es gewohnt, regelmäßig bis 20.00 Uhr in der Firma zu bleiben.

»Und stellen Sie sich vor, die anderen haben mich ermuntert und gesagt: ›Endlich denkst du auch mal an dich, wir haben uns schon Sorgen um deine Gesundheit gemacht‹«, erzählte sie voller Begeisterung. Mit dieser positiven, ermutigenden Reaktion hatte sie nicht gerechnet. Sie hatte geglaubt, die anderen würden sie kritisieren und für faul halten!
Eine andere Coachingkundin sprach mit ihrem Freund, der liebend gern am Wochenende Biker-Ausflüge mit seinen Kumpels machte, darüber, dass sie sich von ihm vernachlässigt fühlte und gern einen Tag an jedem Wochenende ausschließlich mit ihm verbringen wollte. »Ich war vor dem Gespräch sehr unsicher, wusste nicht, ob er meinem Bedürfnis nach mehr Nähe nachkommen würde, aber es hat sich mehr als gelohnt. Seither sprechen wir uns regelmäßig gemeinsam ab, wie wir unsere Wochenenden gestalten«, meinte sie hocherfreut.

Diese zwei Beispiele haben mehrere Aspekte gemeinsam: Alle aktiv Beteiligten waren hundertprozentig bereit, etwas in ihrem Leben zu verändern. Sie waren neugierig und trotz ihrer Zweifel mutig, sich auf unbekanntes Terrain zu begeben, und haben etwas getan, das sie sich vorher aus Angst vor den Reaktionen anderer nicht getraut hatten.

Natürlich gibt es keine Garantie dafür, dass der Ausgang jedes Mal positiv ist, wenn du etwas Neues wagst. Doch besonders bei kleinen Schritten aus der Komfortzone stehen die Chancen gut, erfolgreich zu sein.

VORTEILE, WENN DU DIE KOMFORTZONE BEWUSST VERLÄSST

Wenn du gezielt einen Schritt ins Neuland machst, kannst du Folgendes gewinnen:

- Du setzt dich *für* dich selbst ein und zeigst dich.
- Du machst neue Erfahrungen und lernst dazu.
- Du bist stolz auf dich und freust dich, dass du dich trotz deiner Unsicherheit etwas getraut hast.
- Du bekommst mehr »Standing«. Du wirst stabiler, aber auch flexibler.
- Dein Selbstvertrauen und dein Selbstwertgefühl vertiefen sich.
- Deine Selbstachtung steigt.
- Du wirst lebendiger, kreativer und mutiger, bei nächster Gelegenheit wieder die Komfortzone zu verlassen, und kannst dich schneller auf unterschiedliche Situationen einstellen.

Wichtig ist, dass du bewusst darüber nachdenkst, *was* der nächste Schritt in deiner Entwicklung sein könnte, und überlegst, *wie* dieser *eine* Schritt konkret aussehen soll, und vor allem, *warum* du diesen Schritt überhaupt machen willst. Stell dir dies sodann lebendig, groß und farbig vor, und erlaub dir, dabei zu fühlen, wie gut es tut, dich aus alten Mustern zu lösen und selbstbestimmt den eigenen Weg zu gehen. Positive Gefühle sind maßgeblich daran beteiligt, dass neue Ideen in die Tat umgesetzt werden. Dadurch fällt es dir leichter, den ganz konkreten Schritt zu tun! Für jeden Menschen ist dieser eine Schritt ins Neuland etwas anderes, da jeder in seiner Entwicklung an einem anderen Punkt steht. Für den einen kann es sein, dass er einen Satz mehr sagt, für den anderen kann es sein, dass er zwei Sätze weniger sagt, für den dritten kann es sein, dass er gänzlich schweigt.

Natürlich kommen auch Zweifel hoch, ob es sinnvoll ist, die Komfortzone zu verlassen, denn in der Zone kennst du dich nun mal aus. Du wägst die Vor- und Nachteile ab und überlegst, was du gewinnst, wenn du dich auf Neues einlässt, aber auch, was du aufgibst und hinter dir lässt, wenn du die Komfortzone verlässt. Dann kannst du bewusst entscheiden, ob du drinbleiben oder rausgehen willst.

Und ja, wann immer du gerade an der Grenze deiner bisherigen Komfortzone bist, spürst du deine ganz persönlichen Stresssymptome. Dein Herz schlägt etwas schneller, du spürst eine Anspannung, dein Atem verändert sich. Es kann sein, dass deine Hände feucht werden, dass dir warm wird. Du bist hellwach und aufmerksam. Dein Körper bereitet sich darauf vor, aktiv zu werden. Manche Menschen bewerten diese Symptome als Unsicherheit, falls sie stärker werden, als Angst. Wenn du dir dagegen vorstellst, was du gewinnst, sobald du bewusst den nächsten Schritt aus der Komfortzone machst, dann kann es spannend sein, diesen in die Tat umzusetzen.

Wenn du immer wieder diesen *einen* Schritt ins Neuland machst, dann baust du nach und nach sichere Polster an Kompetenzen auf, die dir niemand je wieder wegnehmen kann. Du gewinnst an Zufriedenheit, Klarheit und innerer Stärke, die jeder von uns in der heutigen Zeit braucht, um noch besser für die anstehenden Veränderungen gerüstet zu sein.

Manchmal passiert es, dass Veränderungen von außen eingeleitet werden, Veränderungen, bei denen du aufgefordert bist, zügig umzudenken und dazuzulernen. Wenn du an den Lockdown der Corona-Pandemie zurückdenkst, wie schnell sich viele Menschen arbeitstechnisch auf das Homeoffice umstellen mussten und begonnen haben, Zoom- oder Team-Meetings durchzuführen, und damit die Veränderung des Arbeitslebens aktiv mitgestaltet haben. Viele Menschen haben die Arbeit von zu Hause weiter beibehalten, weil sie ihnen genug Vorteile bietet!

Erinnere dich immer wieder daran: Du tust die Dinge letztlich *für dich!* Wenn du dich bewusst auf etwas Neues einlässt, machst du dich für deine eigenen Ansichten und Vorstellungen stark, du öffnest dich und wirst gesehen. Du machst dich auch verletzlich und weißt nicht genau, wie das, was du sagst oder tust, bei anderen ankommt. Doch jedes Mal, wenn du dich trotz deiner Unsicherheit und deines Zweifels für dich selbst eingesetzt hast, vertiefen sich dein Selbstvertrauen und deine Selbstachtung, selbst wenn deine Aktivitäten nicht so gut ankommen, wie du erhofft hast. Denn das Wichtigste hast du gemacht: Du hast dich für deine Belange eingesetzt! Wenn du daran denkst, dann fällt es dir leichter, deine Komfortzone zu verlassen.

Falls du noch keine Idee haben solltest, welchen kleinen Schritt du ins Neuland tun könntest, hier ein paar Anregungen dazu:

- Mach einem Kollegen ein Kompliment, wenn du das noch nie getan hast.
- Stell deine Möbel im Wohnzimmer um.
- Kleide dich in einem völlig anderen Stil, achte darauf, wie du dich dabei fühlst und wie andere Menschen reagieren.
- Färb eine Haarsträhne lila oder grün!
- Probier eine ganz andere Sportart mit völlig anderen Handlungsabläufen aus.
- Melde dich gezielt für eine Präsentation in deinem Job.
- Falls du dir das bisher immer verkniffen hast: Beschwer dich in einem Restaurant über das Essen, wenn das berechtigt ist.
- Solltest du gewohnt sein, Fleisch zu essen, dann geh in ein vegetarisches Restaurant und bestell etwas Veganes.

- Zieh bewusst zwei verschiedenfarbige Socken an.
- Erstelle eine Collage mit den Highlights deines Lebens, und häng sie auf, sodass du dich immer wieder an tolle Momente erinnerst.

Der Fantasie sind hier keine Grenzen gesetzt – und ehrlich: Anstatt zu fragen, was du möglicherweise verlieren könntest, wenn du dich auf etwas Neues einlässt, bedenke lieber, was du durch einen einzigen solchen Schritt gewinnen kannst. Es kann nämlich vor allem auch Spaß machen, etwas Neues auszuprobieren und mehr über dich selbst zu erfahren – getreu dem altbekannten Motto »No risk, no fun«.

Fallbeispiel: Den Regenschirm halten

Hier ein Beispiel zur Illustration: In einem Training für Führungskräfte in München hatten die Teilnehmer die Aufgabe, zu zweit in der Stadt etwas Neues auszuprobieren. Der eine sollte dem anderen eine herausfordernde Idee liefern, dieser sollte sie dann umsetzen.

Eine Teilnehmerin sollte bei leichtem Regen fremde Menschen ansprechen und sie fragen, ob sie deren Schirm halten und sie ein Stück begleiten könne. »Das war eine Mammutaufgabe. Die meisten schauten mich recht befremdlich an und meinten sofort: ›Nein, danke.‹ Es war schwer, mit den Absagen umzugehen, aber ich hab dann gemerkt, dass die Absagen nichts mit mir persönlich zu tun hatten. Schließlich habe ich einen jungen Mann angesprochen. Der fand die Idee sehr witzig und lud mich hinterher sogar zum Kaffee ein.« Die Probandin war sehr angetan von dieser Erfahrung.

Wann immer du bewusst deine Komfortzone verlässt, fühlst du dich selbstbestimmt und gehst aktiv deinen Weg. Doch manchmal hast du ein Problem und weißt im ersten Moment nicht, wie du damit umgehen willst. Darüber sprechen wir im Folgenden.

Probleme in smarte Ziele verwandeln

Der Verstand schaut gern auf Probleme und auf Dinge, die nicht so gut laufen. Warum? Das hat mir unserem evolutionsgeschichtlichen Erbe zu tun. In den berühmten Zeiten des Säbelzahntigers mussten die Menschen immer aufmerksam schauen, ob irgendwo eine Gefahr lauerte, denn davon hing das Überleben ab. Daher achten wir auch heute noch zuerst ganz automatisch darauf, ob irgendetwas nicht stimmt. Wir schauen stets in Richtung »Problem«. Nicht wenige Menschen wissen deshalb, was sie *nicht* wollen, aber nicht, was sie wollen! Das Gute ist aber, dass du fast jedes Problem in ein Ziel verwandeln kannst, und dann weißt, was du willst!

Wie das konkret funktioniert? Gratulier dir zuerst selbst dazu, dass du dir eingestehst: Ja, ich habe ein Problem. Ein Problem ist ja nichts anderes als die Bewertung einer Situation, für die du im Moment noch keine Lösung hast. Beschreibe deshalb die problematische Situation für dich selbst so genau wie möglich. Am besten, du schreibst sie auf. Damit hast du schon eine ganz wesentliche Motivation entwickelt: die »Weg-von-Schmerz-Motivation«.

Als Nächstes überlegst du dir eine mögliche Lösung und formulierst daraus ein Ziel. Hilfreich dabei ist die SMART-Formel für Ziele, die häufig in Unternehmen angewendet wird und eine praktische Anleitung für eine gute Zielformulierung darstellt.

Wichtig ist, dass dein Ziel alle SMART-Kategorien enthält. Auf diese Weise kreierst du ein hirngerechtes Ziel. Du wechselst damit die Perspektive, dein Gehirn weiß, in welche Richtung du gehen willst. Dadurch schaffst du eine zweite Art der Motivation, nämlich die »Hin-zur-Freude-Motivation«. Damit hast du beide Hauptmotivationsarten aktiviert, um dein Ziel leichter zu erreichen.

WOFÜR DIE ABKÜRZUNG SMART STEHT

S *spezifisch-konkret, selbst initiierbar, simpel*
Was willst du konkret erreichen? Das Ziel muss eindeutig (präzise) formuliert sein.

M *messbar*
Woran kannst du deine Fortschritte feststellen?
Woran wirst du konkret erkennen, dass du dein Ziel erreicht hast?

A *attraktiv, aktivierend, als ob jetzt, aktive Beteiligung, allgemeinverträglich*
Warum und wofür ist es für dich wichtig, dieses Ziel zu erreichen? Was gewinnst du für dich, wenn du dieses Ziel erreichst? Was lässt du dafür los?
Formuliere dein Ziel in Gegenwartsform, »als ob [es] jetzt [schon erreicht wäre]«.
Welche konkreten Schritte unternimmst du, um dein Ziel zu erreichen? Ist das Ziel so, dass letztlich alle Seiten dabei gewinnen?

R *realistisch*
Das gesteckte Ziel muss realisierbar, also möglich sein. Es darf weder über- noch unterfordern.

T *total positiv, terminiert*
Bitte formulier dein Ziel positiv-konstruktiv, das heißt *ohne* Negation, und mit einem fixen Termin, bis wann du das Ziel umgesetzt haben willst.

Wenn du dein smartes Ziel formuliert, aufgeschrieben und überprüft hast, ob es auch wirklich smart ist, dann stell dir bildhaft-konkret vor, dass du dein Ziel gerade eben erreicht hast, und nimm wahr, wie gut du dich fühlst. Dadurch bekommst du noch eine Extraportion Motivation, denn Gefühle unterstützen dich zusätzlich auf deinem Weg zum Ziel. Die schriftliche Fixierung eines Ziels hilft dir, noch präziser zu formulieren, was du wirklich willst.

Nun gibt es ja auch Themen, bei denen du in der äußeren Welt nichts ändern kannst, dann geht es darum, innerlich einen Weg zu finden, wie du mit einer herausfordernden Situation umgehen kannst. (Mehr dazu findest du im Kapitel »Akzeptanz – Tor zu Veränderung und innerem Frieden«.)

Rückschläge: in Wahrheit ein Fortschritt im Lernen

»Aber was ist, wenn ich ein Ziel smart formuliert habe und es geht bei der Umsetzung schief, was ist dann mit meinem Selbstvertrauen?«, kannst du berechtigterweise fragen.

Nun, sogar wenn dein Vorhaben misslingt, gewinnst du – nämlich erst einmal an Erfahrung. Denn du weißt nun, wie es nicht geht. Und anstatt die Flinte ins Korn zu werfen, kannst du jetzt herausfinden, *warum* es nicht geklappt hat, und neue Ideen entwickeln, was du das nächste Mal anders und besser machen kannst! Allein für deinen Mut, die Komfortzone zu verlassen, kannst du dich anerkennen und stolz auf dich sein!

Über Thomas Edison, dem lange Zeit die Erfindung der Glühbirne zugeschrieben wurde, wird die Anekdote erzählt, dass er nach etlichen erfolglosen Versuchen gesagt haben soll: »Ich habe nicht versagt. Ich habe mit Erfolg zehntausend Wege entdeckt, die zu keinem Ergebnis führen.«[5] Aufgeben war für ihn keine Option, denn er sah im Aufgeben die größte Schwäche. »Der sicherste Weg zum Erfolg ist immer, es doch noch einmal zu versuchen.«[6] Seine fehlgeschlagenen Versuche haben ihn inspiriert, am Ball zu bleiben und immer wieder etwas Neues auszuprobieren, bis er es geschafft hatte.

Manchmal will man zu schnell zu viel und wird ungeduldig, wenn etwas nicht auf Anhieb klappt. Dabei ist es wichtig zu bedenken: *Rückschläge sind in Wahrheit ein Fortschritt im Lernen.*

Sie zeigen dir, an welchem Punkt du stehst und wo du dich weiterentwickeln kannst, und sind zugleich ein Motivationstest, denn wann immer du einen Rückschlag erlebst, taucht die Frage auf: »Aufgeben oder weitermachen?« Weiterzumachen bedeutet, immer wieder neue Ansätze zu finden, bis du erfolgreich bist in dem, was du tust.

Als ich während meines Studiums telefonisch Anzeigen für eine Hochglanzzeitschrift verkaufte, bekam ich zu Beginn fast nur Absagen. Ich war geknickt, wurde zunehmend unsicher, zweifelte an mir und war kurz davor hinzuschmeißen. Da dachte ich an Anthony Robbins. Er ist amerikanischer Motivationstrainer und sagte in einem Training einmal: »Mit jedem *Nein* kommst du dem *Ja* einen Schritt näher.« Dieser Satz hat mich sehr ermutigt, mir immer wieder neue Formulierungen einfallen zu lassen und weiterzutelefonieren. Ich zählte die *Neins* der Absagen und wusste, dass es nur noch eine Frage der Zeit war, bis ich eine Zusage bekam! Und so war es denn auch – nach einiger Zeit bekam ich häufiger Zusagen, nicht immer, aber immer öfter! Dadurch wuchs mein Selbstvertrauen, ich wurde bei den Telefonaten flexibler, sicherer, konnte mich besser auf die Kunden einstellen und hatte zunehmend mehr Spaß.

Die vier Ebenen des Lernens

Damit eine neue, aufbauende Gewohnheit entstehen kann, ist es unabdingbar, das neue Verhalten zu üben, üben, üben. Denk daran, wie lange ein Kind braucht, bis es sicher Fahrrad fahren kann. Es übt so lange, bis sich das neue Verhalten automatisiert hat. Dabei durchläuft es wie von selbst die vier Ebenen des Lernens, die Gregory Bateson, ein amerikanischer Sozialwissenschaftler und Biologe, entwickelt hat. Wenn du die Ebenen des Lernens kennst, dann fällt es dir leichter, bei Durststrecken für dein Ziel »am Ball« zu bleiben. Du weißt dann, dass es eine Frage des Übens ist, bis du erfolgreich bist.

Die vier Ebenen des Lernens kannst du auch am Beispiel des Autofahrens leicht nachvollziehen:

1. Erinnere dich einmal daran, wie es für dich war, als du das Autofahren gelernt hast. Vor deiner ersten Fahrstunde hast du gar nicht gewusst, was du alles nicht konntest. Das nennt Gregory Bateson die Ebene der »unbewussten Inkompetenz«. Auf dieser Ebene hast du keine Ahnung, was du alles nicht weißt!
2. Nach der ersten Fahrstunde war dir klar, dass du vieles noch nicht wusstest. Du warst auf der Ebene der »bewussten Inkompetenz« angelangt. Auf dieser Ebene kannst du wählen, ob dir eine Sache wichtig genug ist, sie zu lernen, oder ob du dich dagegen entscheidest.

3. Wenn du dich entschieden hast weiterzumachen, dann hast du mit dem Fahrlehrer trainiert, Durststrecken und Frustration durchlebt, deine Handlungen und Bewegungsabläufe immer besser koordiniert und geübt, geübt, geübt. Das ist die Phase der »bewussten Kompetenz«, bei der das Üben und Dranbleiben die zentrale Rolle spielen.
4. Weil du viel geübt hast, bist du erfolgreich auf die Ebene der »unbewussten Kompetenz« gekommen, und die Fertigkeit ist dir in »Fleisch und Blut« übergegangen, dein Ziel ist erreicht. Hier machst du dir keine Gedanken mehr darüber, wie das Autofahren funktioniert. Lediglich wenn etwas Unvorhergesehenes auf der Straße geschieht, schaltest du deinen bewussten Verstand wieder ein.[7]

ÜBUNG: EIN SMARTES ZIEL ERREICHEN

Plane für diese Übung ausreichend Zeit ein, und mach dir wieder Notizen.
Überleg dir, ob es in deinem Leben eine Situation gibt, in der du mit deinem Verhalten unzufrieden bist. Geh dann wie folgt vor:

1. Schreib diese Situation so konkret wie möglich auf.
2. Was genau willst du an deinem Verhalten in der Situation verändern, sodass es für dich optimal abläuft?
3. Setz dir nun ein smartes Ziel, und schreib es auf.
4. Stell dir danach vor, wie du die Situation für dich positiv abschließt:
   - Was siehst du in der Situation, in der du optimal handelst?
   - Was machst du jetzt anders als bisher?

- Was sagst du zu dir selbst, nachdem du erfolgreich gehandelt hast?
- Wie fühlst du dich?
- Was spürst du jetzt im Körper?

5. Warum ist es für dich wichtig, dieses smarte Ziel in die Tat umzusetzen?
6. Welche Fähigkeiten erweiterst du dabei?
7. Welche deiner Werte unterstützen dich auf deinem Weg zum Ziel?
8. Bist du hundertprozentig bereit dazu, dein smartes Ziel umzusetzen?
9. Was gibst du dafür auf?
10. Was ist deine erste Maßnahme? Bis wann führst du sie durch?
11. Wie feierst du deinen Erfolg, wenn du dein smartes Ziel erreicht hast? Stell dir auch diesen lebendig, mit allen Sinnen vor – und erlaub dir, dieses gute Gefühl im Körper zu spüren und dich zu freuen.

Fassen wir zusammen: Du brauchst deine Komfortzone. Sie schenkt dir Sicherheit, Routine, Ordnung und Orientierung. Du kennst aber auch die Nachteile – angefangen von Langeweile über Frustration und Stagnation bis zur Demotivation oder sogar Krankheit. Innerhalb der Komfortzone lernst du nichts dazu. Wenn du deinen Gewohnheitskreis jedoch bewusst verlässt, dann gewinnst du in jedem Fall – du setzt dich für dich selbst ein, entwickelst dich und kannst dein Potenzial weiter entfalten. Du bekommst mehr Standing, vertiefst deine innere Stärke und dein Selbstvertrauen. Du wirst mutiger und gelassener.

Du hast dein smartes Ziel aufgeschrieben und weißt, was du willst. Du hast es mit Gefühlen verbunden, bist guter Dinge und hast vielleicht schon die erste Maßnahme umgesetzt.

Auf deinem Weg zum Ziel brauchst du bewusste Selbstwahrnehmung, denn es können dir unterschiedliche Denk- und Verhaltensgewohnheiten begegnen, die dich zwar vor Verletzungen schützen wollen, dich aber von deinem Ziel abbringen *können*. Um diese Strategien geht es im folgenden Kapitel.

Wie wir uns vor Verletzungen schützen

*Wer gegen die Realität kämpft,
erfindet Gründe, warum etwas nicht geht.
Wer die Realität annimmt,
der entdeckt Möglichkeiten, wie es gehen könnte.*

G. P.

Wir haben alle Denk- und Verhaltensweisen, die uns weiterbringen. Allerdings haben wir auch Strategien gelernt, die wir automatisch in brenzligen Situationen anwenden. Diese wollen etwas Gutes, doch sie verhindern, dass wir uns weiterentwickeln und unser Potenzial entfalten. – Zunächst ein Beispiel:

Fallbeispiel: Selbstzweifel

Vor einigen Jahren lernte ich den Freund einer Bekannten kennen. Er war ein sehr begabter, athletisch durchtrainierter junger Sportler. Er hatte viel Schnellkraft und war so gut im Hundertmeterlauf, dass sich ein Leichtathletikverband für ihn interessierte.

»Und?«, fragte ich ihn im Nachhinein. »Was ist daraus geworden?«

»Mir hat deren Trainingsprogramm nicht gefallen«, meinte er.

Danach bot sich ihm die Chance, aufgrund seiner Schnellkraft bei einem Trainingslehrgang für Nachwuchsbobfahrer teilzunehmen.

»Und?«, fragte ich hinterher. »Wie war der Lehrgang für dich?«

»Das Bobfahren selbst war super. Die wollten mich sofort als Bremser engagieren.«

»Was ist daraus geworden?«, fragte ich weiter.

»Ich wollte kein Bremser sein, wenn, dann wäre ich gern am Steuer gesessen. Die Trainer hatten wenig Ahnung von Ernährung. Hab keine Lust mehr zum Bobfahren.«

Wenn man sich das Beispiel genauer anschaut, so fällt auf, dass Marc sich zwar geschmeichelt fühlte, da sein Talent anerkannt wurde, dass er aber selbst immer wieder andere Begründungen dafür fand, dass er sich nicht in den jeweiligen Sportverbänden engagieren konnte. Wozu erfand er diese Ausreden?

Er selbst hatte große Zweifel an seinem Talent und noch größere Angst, an seinen eigenen Ansprüchen zu scheitern und sich zu blamieren. Dies war ihm jedoch in keiner Weise bewusst. Also bog er sich die Situationen so zurecht, dass er sich seinen Unsicherheiten und Ängsten erst gar nicht stellen musste, und fand alle möglichen Rechtfertigungen und Schuldzuweisungen. Schade!

Obwohl jeder Mensch an der Oberfläche sehr verschieden und einzigartig ist, so haben wir doch fast alle ähnliche Reaktionsmuster und Strategien in der Familie und im kulturellen Umfeld gelernt. Wir wenden sie immer dann reflexartig und zwanghaft an, wenn es für uns kritisch wird, wenn unser Selbstbild in Gefahr ist. Der eine verteidigt sich vehement. Der nächste schiebt sofort die Schuld auf andere oder reagiert sarkastisch, und wieder ein anderer erzählt höchst dramatisch, dass morgens eine halbvolle Kaffeetasse auf den Boden gefallen ist.

Manchmal verstehen wir solche Verhaltensweisen eines anderen Menschen nicht, ärgern uns darüber und sind verletzt, manchmal fahren wir plötzlich selbst aus der Haut, verletzen andere oder flüchten. All diese Verhaltensweisen, so merkwürdig sie auch scheinen mögen, geschehen unbewusst und haben positive Absichten:

- Sie wollen, dass es uns gut geht.
- Sie wollen unser Selbstbild schützen und unser inneres Gleichgewicht erhalten.
- Sie dienen dazu, Konflikten und Auseinandersetzungen, unbewussten Wünschen aus dem Weg zu gehen.
- Sie wehren unangenehme Gefühle wie Unsicherheit, Angst, Schamgefühle und Schmerz ab, sodass wir unseren Aufgaben erfolgreich nachkommen können.

Mit diesen Verhaltensweisen wollen wir uns vor Verletzungen schützen und Unangenehmes von uns abwenden. Sie heißen deshalb auch »Schutz- und Abwehrmechanismen«, ein Begriff, der auf Sigmund Freud zurückgeht, der als Erster diese Strategien beobachtet und kategorisiert hat. Seine Tochter Anna und andere Analytiker haben sie dann weiterentwickelt. Diese Strategien funktionieren nach dem Reiz-Reaktions-Prinzip, doch je stärker sie ausgeprägt sind, desto mehr mutieren sie zu Selbstsabotagestrategien, denn sie halten uns in unserer Komfortzone und verhindern, dass wir etwas dazulernen.

Es gibt eine Vielzahl unterschiedlicher Schutz- und Abwehrstrategien, hier werden diejenigen vorgestellt, die in unserer Gesellschaft häufig auftauchen. Vielleicht erkennst du die eine oder andere Strategie, die du selbst auch anwendest. Dadurch hast du die Chance, neue, wachstumsorientierte Denk- und Verhaltensweisen zu entwickeln, die zu mehr Klarheit, innerer Stabilität und Sicherheit führen.

Verleugnung: »Da war doch gar nichts!«

Fallbeispiel: »Vertagung« eines Konflikts

Herr Müller sitzt in einem Meeting. Alle Teilnehmer wissen um einen bestehenden Konflikt. Herr Müller wartet darauf, dass ein anderer dieses Thema anspricht, doch weil niemand damit beginnt, schweigt auch er darüber. So wird dieser Konflikt seit Wochen vertagt, obwohl jeder weiß, dass es deshalb eines Tages massive Schwierigkeiten geben wird. Weil keiner das unangenehme Thema auf den Tisch legt, denkt jeder: »Ich will nicht der Erste sein.«

Beim Verleugnen wird ein Teil der Realität ausgeblendet und so getan, als ob es diesen Teil gar nicht gäbe. Es kann sich dabei um sachliche wie auch um zwischenmenschliche Themen handeln, die möglicherweise Unannehmlichkeiten oder Konflikte und Konsequenzen mit sich bringen könnten, bei denen jeder seine Komfortzone verlassen muss. Lieber wird ein Thema von allen Seiten totgeschwiegen und so getan, als ob alles in Ordnung wäre. Wenn du zum Beispiel an den Klimawandel denkst – wie lange wurde dieser ignoriert … Erst durch den Druck der Öffentlichkeit haben die Politik und die Wirtschaft reagiert. Tatsächlich ist es nun unsere Aufgabe, unseren eigenen Lebensstil zu überdenken, Dinge zu verändern und völlig neue Konzepte für die Ressourcenschonung zu entwickeln.

Schuldzuweisung: »Du bist schuld, ich kann nichts dafür!«

Sicher hast du Sätze wie die folgenden in deinem Umfeld schon einmal gehört:

- »Du bist schuld, dass …«
- »›Die da oben‹ sind schuld, dass alles bald im Chaos versinkt.«
- »Mein Chef ist schuld, dass …«

Schuldzuweisungen kommen einem manchmal schnell über die Lippen. Doch woher kommt das? Jedes Kind fühlt sich schuldig, wenn es etwas Falsches gemacht hat und dafür bestraft worden ist. Weil es dieses peinigende schlechte Gewissen nicht mehr haben und nicht als »Buhmann« dastehen will, wenn etwas schiefgelaufen ist, gibt es fortan anderen die Schuld. Es entwickelt sich ein unbewusster Reiz-Reaktions-Mechanismus, und so finden auch Erwachsene, wenn etwas Unangenehmes passiert oder ein Fehler unterlaufen ist, rasch einen Schuldigen, dem sie schnell den Schwarzen Peter zuschieben können.

Stell dir beispielsweise vor, du hast einen Termin. Du müsstest schon längst unterwegs sein, doch du telefonierst noch mit einer Freundin, die du nicht so schnell abspeisen willst. Dann fährst du mit deinem Wagen los. Du willst schnell fahren, um die versäumte Zeit reinzuholen. Doch an diesem Tag sind lauter »lahme Enten« und »Idioten« auf der Straße. Du ärgerst dich über deine Freundin, die dich wieder mit ihren Problemen zugetextet hat. Anstatt dein eigenes Versäumnis anzuerkennen, also zu merken, dass du dich deiner Freundin gegenüber hättest abgrenzen sollen, um dich rechtzeitig auf den Weg zu machen, ärgerst du dich über sie und regst dich zusätzlich über alle anderen Autofahrer auf, schiebst ihnen die Schuld zu. Alle anderen haben etwas falsch gemacht, du selbst natürlich nicht.

Das vermeintlich Praktische bei Schuldzuweisungen ist, dass wir uns selbst auf der »richtigen Seite« *wähnen, uns damit absichern und unausgesprochen sagen:* »Ich kann nichts für die Situation, der andere hat's verbockt!« Wir sind dann anscheinend fein raus, können uns weiter über andere ärgern, brauchen uns selbst weder mit einer unangenehmen Situation noch mit unserem eigenen Verhalten und mit eigenen Unsicherheiten auseinanderzusetzen. Wir müssen uns auch nicht verändern. Wir können ja nichts dafür, dass andere uns so die Tour vermasselt haben …

Fallbeispiel: Mangelnde Anerkennung

In einem Coaching meinte ein Mann: »Meine Chefin ist schuld, dass es mir nicht gut geht.« Unausgesprochen steckt dahinter: »Meine Chefin soll sich ändern, damit ich mich besser fühle.« Natürlich kann er solche Sätze sagen, doch wahrscheinlich wird er lange darauf warten müssen, dass seine Chefin etwas an ihrem Verhalten ändert.

Im Lauf des Coachings kommt heraus, dass er von seiner Chefin wenig Anerkennung für seine Arbeit erhält. »Sie muss mir sagen, ob meine Arbeit gut genug ist. Sie müsste doch wissen, dass ein Mitarbeiter auch gelobt werden will!«

Er war ihretwegen verärgert, weil er in seinen Augen zu wenig Rückmeldung von ihr bekam. Trotzig beharrte er darauf, dass sie endlich seinem Bedürfnis nach Anerkennung nachkommen und ihn so wertschätzen sollte, wie er sich das vorstellte.

Natürlich ist es angenehm, gelobt zu werden, doch abhängig von der Anerkennung eines anderen zu sein, das ist eine andere Sache. Der Mann übergab seiner Chefin unbewusst die Macht über sein Verhalten sowie die Verantwortung für sein Befinden und erlebte sich selbst als Opfer.

Wer sich als Opfer fühlt, hat keine Wahl und kann nichts ändern!

Seine Chefin war seiner Meinung nach ja diejenige, die ihn so mies behandelte! Tatsächlich aber war und ist er selbst für seine Gedanken, für seine Gefühle und sein Wohlbefinden verantwortlich, niemand sonst! Nur er selbst konnte etwas bei sich verändern, sodass es ihm besser ging. Es gelang ihm schließlich nach und nach, seine bislang unbewusst angewandte Strategie der Schuldzuweisung zu erkennen, und er lernte im Coaching, sich selbst, seine eigene Arbeit und auch die Arbeit seiner Chefin wertzuschätzen.

Am Ende fand er sogar den Mut, seine Chefin um ein Feedbackgespräch zu bitten.

Wie oft sind wir verletzt, ärgern uns über andere und sind von ihnen enttäuscht, schieben ihnen die Schuld an unseren Gefühlen zu und erwarten von ihnen, dass sie uns anders behandeln, nämlich so, wie wir uns das vorstellen! Doch wie sich jemand verhält, ist grundsätzlich erst einmal *seine* Sache, und dafür ist er verantwortlich. Wie du darauf reagierst, das ist *deine* Sache. Dafür bist *du* verantwortlich. Und natürlich ist es immer wieder eine Herausforderung, dir dessen bewusst zu werden und eine Situation und deine Bewertung dazu innerlich zu trennen, denn manchmal geht es so schnell und automatisch, dass du erst im Nachhinein deine Reaktionen reflektieren kannst. Und das allein ist schon eine Menge, denn es zeigt, dass du zunehmend deine Automatismen wahrnimmst und nicht mehr so darin gefangen bist!

Das Schuldzuweisungsspiel wird auch gern in Unternehmen und in der Politik gespielt. Es wird die schmutzige Wäsche des jeweils anderen gewaschen, eine Schuldzuweisung jagt die nächste, wobei die eine Partei sich auf Kosten der anderen erhöhen und uns suggerieren will: »Wir sind besser als die anderen.« Es wird viel Zeit und Energie mit fruchtlosem Debattieren vertan, anstatt von allen Seiten klar zu sehen, was schlecht gelaufen ist, und gemeinsam nach vorn zu blicken. *Mit gegenseitigen Schuldzuweisungen lassen sich keine Probleme lösen!* Es vertiefen sich nur die Gräben und die gegenseitigen Verletzungen bei all der gegenseitigen mehr oder weniger subtilen Abwertung, wie wir sie in fast jeder Polit-Talkshow miterleben können! Dabei wäre es viel sinnvoller, Brücken zu bauen, einander in unserer Einzigartigkeit und in unseren unterschiedlichen Vorstellungen zu achten, miteinander auf Augenhöhe zu sprechen, einander zuzuhören, gemeinsam an einem Strang zu ziehen und neue Lösungen für die aktuellen Herausforderungen zu finden!

ÜBUNG: SCHULDZUWEISUNGEN ANALYSIEREN

Vielleicht bemerkst du, dass du in ganz bestimmten Situationen zu Schuldzuweisungen neigst, und falls ja, frag dich:

1. Welche deiner Erwartungen wurden von einem anderen nicht erfüllt?
2. Wie hast du dich bei der Schuldzuweisung gefühlt?
3. Was hast du möglicherweise dabei vermieden?
4. Was könntest du das nächste Mal anders machen?

Beobachte auch deine Reaktion, wenn andere Menschen dich beschuldigen:

1. Wie geht es dir, wenn andere dir die Schuld für etwas in die Schuhe schieben?
2. Wie fühlst du dich dabei?

3. Was spürst du in deinem Körper?
4. Was denkst du in dem Moment?
5. Wie reagierst du?

Rechtfertigung: »Entschuldige, aber ...!«

Dieser Mechanismus wird besonders gern von Menschen angewendet, die ein als »falsch« empfundenes Verhalten legitimieren wollen, deshalb begründen sie ihre Beweggründe ausführlich. Sie akzeptieren beziehungsweise beschreiben nicht einfach die Situation, sondern fügen immer noch hinzu, warum etwas gerade so ist, wie es ist, auch wenn es sich um Scheinargumente handelt ... Ein kleines Beispiel:

Fallbeispiel: Rechtfertigungen

Zwei Freundinnen treffen sich. Die eine rechtfertigt ihre innere Verfassung: »Es tut mir leid, dass ich heute nicht gut drauf bin. Gestern Abend habe ich zu spät zu Abend gegessen, dann habe ich noch einen Krimi im Fernsehen angeschaut. Darauf konnte ich nicht gut schlafen, und heute Morgen habe ich schon ein schwieriges Telefonat gehabt, das mich jetzt noch beschäftigt. Verstehst du? Und was ist mit dir, ich dachte, du willst abnehmen?«

Darauf erklärt ihr die andere: »Du weißt ja, dass ich abnehmen will, aber in den letzten Wochen war ich viel unterwegs. Überall gab es so gute Sachen zu essen, die ich mir zu Hause nie selbst machen würde. Außerdem habe ich so viel zu tun, da esse ich halt schnell über Mittag eine Wurstsemmel. Aber nächste Woche fange ich wirklich damit an.«

Interessant ist, dass Frauen sich häufiger und mehr rechtfertigen als Männer. Während Letztere sich mehr auf die faktische Seite konzentrieren, sind Frauen oft auf mehr Harmonie und gegenseitiges Verständnis bedacht und meinen, ihr Verhalten, ihr Befinden, ihre Entscheidungen rechtfertigen und verteidigen oder sogar entschuldigen zu müssen. Sie wollen andere von der Richtigkeit ihres Denkens und Handelns überzeugen und benutzen manchmal ausschweifende, mühsam hergeleitete und für andere ermüdende Begründungen. Durch Rechtfertigungen möchten sie das Verständnis von anderen erlangen, die Zusicherung, dass ihr Denken, Fühlen und Verhalten in Ordnung ist, dass sie gar nicht anders handeln konnten! Durch die Rechtfertigungen nehmen sie sich selbst etwas weg, machen sich selbst kleiner, wirken schwächer, wollen Abbitte leisten und vom anderen so etwas hören wie: »Ich hab Verständnis für deine Position«, damit das Gespräch wieder auf Augenhöhe weitergehen kann.

Tatsache ist: Du musst dich nicht rechtfertigen, was, wie, warum, weshalb, wozu du etwas gemacht oder abgelehnt hast. Du musst auch nicht erklären, warum, weshalb und wozu du etwas tust. Das ist allein deine Sache! Du kannst bei Bedarf natürlich eine kurze, sachliche Begründung beisteuern, damit der andere nachvollziehen kann, was du denkst. Mehr aber auch nicht.

Wenn du gefragt wirst, ob du heute mit ins Kino gehst, könnte deine einfache Antwort lauten: »Nein, danke, ich habe heute schon was vor. Das nächste Mal gern.«

ÜBUNG: RECHTFERTIGUNGEN ANALYSIEREN

Vielleicht passiert es dir auch, dass du dich hin und wieder rechtfertigst. Stell dir dann folgende Fragen, und lass die Antworten, die aus deinem Inneren kommen, auf dich wirken:

1. In welchen konkreten Situationen verteidigst du dich?
2. Was ist deine positive Absicht dabei?
3. Was vermeidest du dabei?
4. Wie fühlst du dich dabei?
5. Was könntest du das nächste Mal anders machen?

Das Pingpongspiel: »Hin und her«

Nun ist es so, dass in der Kommunikation häufig auf eine Frage von der einen Seite eine Rechtfertigung und danach von anderer Seite eine Schuldzuweisung folgt und das hin und her geht, wie das nachfolgende Beispiel verdeutlichen soll.

Fallbeispiel: Schuldzuweisung und Rechtfertigung

Ein Kollege betritt das Zimmer von Monika und sagt vorwurfsvoll: »Wo bleibt der Bericht?«
Monika fühlt sich persönlich angegriffen, bekommt ein schlechtes Gewissen, will den Sachverhalt klarstellen und beginnt, sich zu verteidigen: »Ich habe ihn noch nicht fertig geschrieben, tut mir leid. Erst musste ich noch einem Kunden ein Angebot schi-

cken, dann kam der Chef. Dem musste ich noch schnell eine Präsentation für morgen vorbereiten. Das hat länger gedauert, als ich gedacht habe.«

»Du wolltest mir den Bericht schon vor zwei Stunden geben.«

»Ja, ich weiß, aber es ging nicht, ich musste doch die Präsentation erstellen.«

»Wieso hast du mir nicht Bescheid gesagt?«

»Weil es einfach nicht ging. Meine Güte, das kann doch passieren. Lass mich jetzt in Ruhe, damit ich den Bericht für dich fertig machen kann!«

Dieses unbewusste Spiel von Schuldzuweisung und Rechtfertigung und erneuter Schuldzuweisung und Rechtfertigung kann unendlich fortgesetzt werden, sowohl privat als auch beruflich. Am Schluss sind beide Seiten frustriert und wissen oft nicht, wie sie »aus der Nummer rauskommen« können.

Monika reagiert auf die vorwurfsvolle Stimme des Kollegen und glaubt, ihr Versäumnis umfassend erklären zu müssen. Ihr Kollege ist verärgert, weil sie ihre Zusage nicht eingehalten hat. Er wähnt sich moralisch im Recht und will ihr mit seinen Schuldzuweisungen ein schlechtes Gewissen machen.

Was könnten beide in Zukunft ändern? Der Kollege könnte sachlich statt vorwurfsvoll nachfragen und insofern Verantwortung für seinen Anteil an der Situation übernehmen, als er Monikas Auslastung nicht richtig eingeschätzt hatte. Sie könnte sich darauf beschränken zu sagen: »Es tut mir leid. Du bekommst den Bericht in einer Stunde.« Damit wäre das Thema sicher schneller vom Tisch, und jeder könnte sich wieder auf seine Arbeit konzentrieren, ohne zu grollen.

Übertreibung: »Drama, Baby, Drama!«

Wahrscheinlich kennt jeder Menschen, die alles, was sie erleben, hochdramatisch erzählen, untermalt mit passender Mimik und ausladenden Gesten, und ihre Storys in Variationen gern mehrmals wiederholen. Bei ihnen kommt es – wenn es um etwas Positives geht – häufig zu Übertreibungen wie »großartig, super, optimal, sensationell, mega«, und damit schießen sie übers Ziel hinaus. Wenn es um etwas Negatives geht, war es gleich »eine Katastrophe, der Totalausfall, grausam, furchtbar, schrecklich, nicht auszuhalten«. Es beginnt bei einfachen Aussagen über das Wetter, bei schönem zum Beispiel: »Das Wetter ist genial, göttlich.« Wird es ein bisschen kühler, »droht« gleich »eine riesige Kältewelle« – und endet in den Medien fast täglich bei Schreckensmeldungen, Horrorszenarien oder Katastrophen, in denen die Welt vom Untergang bedroht scheint. Neulich habe ich den Satz gehört: »Wir haben noch zehn Jahre, um die Welt zu retten.«

Selbstverständlich gibt es nicht hinnehmbare Zustände beziehungsweise Gefahren, auf die dringend aufmerksam gemacht werden muss, die nicht unterschätzt werden dürfen und die einschneidende Veränderungen unserer Verhaltensweisen erforderlich machen. Die Corona-Krise hat dies gezeigt. Häufig jedoch geht es bei der Dramatisierung um etwas anderes: Beim Fernsehen sind es die Einschaltquoten, in der Politik die Wählerstimmen. Und bei uns selbst? Da geht es um Aufmerksamkeit und Anerkennung, die man nur zu erhalten glaubt, wenn man etwas besonders aufregend erzählt (»Wenn ich das nicht tue, interessiert sich niemand für mich«).

Zunächst ist es ja auch unterhaltsam, einer Dramastory zu lauschen, es wirkt lebendig und unterhaltsam; doch wenn ein Mensch regelmäßig dramatisiert, erreicht er im Lauf der Zeit das

Gegenteil des Gewünschten. Die Zuhörer schweifen nach einer Weile gedanklich ab und ziehen sich aus dem Gespräch zurück.

Abwertung: »Na, das haben Sie ja toll hingekriegt!«

»Wie kann man heutzutage noch Urlaubsreisen auf einem Kreuzfahrtschiff machen?!« Der Sprecher dieses Satzes erhebt sich moralisch über den anderen, stellt sich selbst als »*öko*bewusst« und auf der richtigen Seite dar und wertet den anderen ab.

Abwertung taucht in allen möglichen Formen auf. Sie kann mit Schuldzuweisungen verbunden sein, kann die Verwendung bestimmter Konsumgüter betreffen, aber auch Verhaltensweisen. Sie kann sich gegen Einzelpersonen oder Gruppen richten, gegen gesellschaftliche Zustände oder kulturelle Zugehörigkeiten. Abwertung kleidet sich häufig in Ironie, Zynismus und Sarkasmus.

Sagt eine Kollegin zu einer anderen, welche die Arbeitsküche sauber machen wollte, ironisch: »Na, das hast du ja super gemacht!« Du erkennst an Tonfall und Mimik, dass das Gegenteil von dem Gesagten gemeint war. Und im besten Fall können beide darüber lachen.

Ironie kann aber auch leicht zu Missverständnissen führen. Das Wort stammt aus dem Griechischen und bedeutet »Verstellung, Vortäuschung«. Eine ironische Bemerkung ist nicht immer offensichtlich, sie muss entschlüsselt werden. Wird Ironie nicht als solche erkannt, kann sich eine Person angegriffen fühlen und entsprechend verunsichert oder aggressiv reagieren. Worauf der andere möglicherweise antwortet: »*Du bist aber* empfindlich, ich habe das doch gar nicht so gemeint.« Bei Ironie versteckt sich der Betreffende also hinter seinen Worten, indem er seine Meinung nur indirekt kundtut.

Bei Sarkasmus äußert ein Kritiker seine Meinung direkt oder indirekt. Auch dieser Begriff kommt aus dem Griechischen und bedeutet *»beißender Spott«*. Eine sarkastische Bemerkung ist gehässig, man will den anderen verletzen.

Ich hatte vor einigen Jahren in einer Produktion den Auftrag, eine Untersuchung zu machen, weil der Krankenstand so hoch war. Ich habe zu dem Zweck verschiedene Mitarbeiter und Azubis befragt. Übereinstimmend erzählten sie, dass der Produktionsleiter häufig sarkastische Sätze sagte wie: »Das kann ja meine Oma im Schlaf besser als du.« Die Folge davon war, dass die Mitarbeiter sich missachtet und verletzt fühlten. Um sich davor zu schützen, gingen sie in die innere Kündigung, schoben Dienst nach Vorschrift oder meldeten sich schon beim kleinsten Wehwehchen für *längere Zeit krank*.

Im nächsten Beispiel wird gleich eine ganze Gruppe massiv abgewertet, möglicherweise weil die Dame sich von deren Verhaltensweisen beschämt fühlt und sich davor schützen will.

Fallbeispiel: Die »Toleranzhascherl«

Ina drückt ihren Unmut wie folgt aus: »Die naiven Toleranzhascherl haben keine Ahnung, was wirklich los ist.« In diesem Satz finden sich gleich mehrere Abwertungen. Das Wort 'naiv« bedeutet ja »einfältig, begrenzt, dumm«, und unter dem umgangssprachlichen bayerischen Wort »Hascherl« versteht man einen bemitleidenswerten, schwachen Menschen, der nicht ganz ernst zu nehmen ist.

Implizit sagt Ina also: »Diejenigen, die tolerant sind, sind einfältig, dumm und bedauernswert. Sie kennen die Zusammenhänge nicht, wissen nichts, aber ich, Ina, bin intelligent, stark und habe den vollen Durchblick.«

Diese Selbstrechtfertigung als Schutzmaßnahme nennt man in der Sozialpsychologie auch »Kognitive-Dissonanz-Reduktion«. Ina aus dem Fallbeispiel hat unvereinbare Wahrnehmungen *(Kognitionen):* »Die anderen verhalten sich moralisch anders als ich.« Zwischen diesen Wahrnehmungen können Konflikte entstehen *(Dissonanzen):* »Sie werten mein Verhalten dadurch ab.« Die Auflösung beziehungsweise *Reduktion* dieser Dissonanz als Schutzmaßnahme ist auf verschiedenen Wegen möglich, wobei es sich bei der hier reaktiv gewählten Herabsetzung (»Toleranzhascherl«) ganz sicher um eine Scheinlösung handelt.

Auch der Zyniker wendet seinen beißenden Spott in den unterschiedlichsten Situationen an. Das Wort »zynisch« bedeutet im griechischen Ursprungsbegriff »hündisch, unverschämt, schamlos«. Der Zyniker kritisiert Werte und Normen sowie gesellschaftliche Zustände auf überhebliche, sehr abwertende Art, macht so in vielen Fällen aber auch auf Missstände aufmerksam. In der Literatur mögen Ironie, Sarkasmus und Zynismus als Stilmittel ihren Sinn haben, doch in der Arbeits- und Alltagskommunikation werden andere Menschen dadurch oft pauschal und ungerechtfertigt herabgesetzt und gedemütigt. Wer diese Schutz- und Abwehrstrategie benutzt, mag ein temporäres Überlegenheitsgefühl verspüren, sollte aber davon ausgehen, dass er andere damit verletzt, die sich selbst wiederum davor schützen und sich sehr wahrscheinlich gegen ihn wenden.

Idealisierung: »Du bist mein Ein und Alles«

Bei der Idealisierung wird an einem Menschen, bei Organisationen, bei Themen oder Dingen nur das Positive gesehen. Alles andere wird ausgeklammert. Idealisiert werden häufig prominente Vertreter*innen aus dem Sport, aber auch aus Film und Fernsehen, wohl um an deren Glamour und vermeintlicher »Unfehlbarkeit« ein kleines Stückchen teilzuhaben.

Bestes Beispiel für Idealisierung aber ist und bleibt das Verliebtsein. Die neue Bekanntschaft wird in den schillerndsten Farben geschildert, wird nahezu zum Übermenschen ohne Fehl und Tadel hochstilisiert, dem nur die wundervollsten, besten, edelsten Eigenschaften zugeschrieben werden: »Sie ist mein Augenstern, mein Ein und Alles.« – »Er ist der Größte, Beste, den ich je kennengelernt habe.« Diese wundervollen Zuschreibungen sind auch in gewisser Weise Schutzmaßnahmen, verstellen sie doch für eine Weile den Blick auf all die ganz normalen »Macken« des/der Angebeteten, bis sich die Beziehung gefestigt hat und die Liebe so stark ist, dass er/sie mit allen Stärken und Schwächen wahrgenommen und akzeptiert wird.

Aber auch Menschen aus Wirtschaft und Politik werden idealisiert. Ihnen wird von breiten Bevölkerungsschichten Überlegenheit, Macht und Kompetenz zugeschrieben. Gerade in unruhigen Zeiten mit zahlreichen Herausforderungen haben viele Menschen ein Bedürfnis nach Einfachheit, Eindeutigkeit, Klarheit, nach jemandem, der ihnen sagt, »wo es langgeht«, und damit in einer komplexen Welt Sicherheit vermittelt, die es so nicht gibt. Die allseits bekannten Populisten machen halt passend, was nicht passt, und sei es mit »alternativen Fakten« … Wir erleben besonders in autoritären Systemen, dass der jeweilige Anführer überhöht wird. Er verspricht Erlösung und Schutz, Ordnung und Halt in einer chaotisch anmutenden Welt. Dafür übergeben die »Untertanen« ihm mehr oder weniger freiwillig die Verantwortung für ihre Geschicke, passen sich dem Regime an, halten sich an die vorgegebenen Regeln, schon weil jegliches Aufbegehren oder Infragestellen der Autorität bestraft wird.

Durch die Idealisierung bestimmter Mitmenschen oder Umfeldbedingungen werden im Großen wie im Kleinen mögliche Konfliktpunkte oder kritische Aspekte unter den Teppich gekehrt, um die Beziehung zu anderen möglichst aufrechtzuerhalten, aber auch, um selbst sicher zu bleiben.

ÜBUNG: ENTIDEALISIERUNG

Wer die Strategie der Idealisierung bei sich bemerkt, könnte ganz bewusst nachschauen und über folgende Fragen nachdenken (mach dir wieder Notizen dazu):

1. Was würde sich für dich verändern, wenn du erkennst, dass der von dir idealisierte Mensch nicht nur aus Sonnenseiten besteht?
2. Welche deiner Bedürfnisse hat er während der Idealisierungsphase befriedigt?
3. Welche Schattenseiten hat er?
4. Welche Gefühle könnten mit deiner Erkenntnis verbunden sein?
5. Was ändert sich für dich dadurch, dass du nun seine Licht- und seine Schattenseiten wahrnimmst?

Projektion: »Ich sehe was, was du nicht siehst!«

Fallbeispiel: Projektion

Inga spricht eine andere Kollegin nach einem Meeting an: »Hast du gemerkt, dass Kollege Maier die ganze Zeit das Wort an sich gerissen hat und überall seinen Senf dazugeben musste? Es ist doch unmöglich, wie er sich immer wieder so in den Mittelpunkt stellt!«

Das ist ein typisches Beispiel von Projektion. Das Wort hat im Lateinischen ursprünglich die Bedeutung »das [Her]vorwerfen«. Wir werfen anderen Menschen etwas vor, das wir bei uns selbst nicht sehen (wollen) und schon gar nicht akzeptieren. Wir tun dies auch, wenn andere etwas vollbringen oder können, das wir selbst auch gern täten, uns dies aber nie eingestehen würden. Dies steht oft im Widerspruch zu unserem Selbstbild und zu den herkömmlichen oder unseren eigenen Normen und Werten. Das können persönliche Stimmungen, Gefühle, Bewertungen, Eigenschaften, Wünsche oder Schwächen sein. So ärgert sich Inga wiederholt über einen Kollegen und dessen Verhalten im Meeting. Er genießt mit seinen Vorschlägen und Ideen die volle Aufmerksamkeit. Inga würde selbst auch gern im Mittelpunkt stehen und eloquent ihre eigenen guten Ideen präsentieren. Doch dies will sie sich selbst nicht eingestehen, da es mit ihrem unbewussten Glaubenssatz »Ich muss bescheiden sein« kollidiert.

Um eine Projektion handelt es sich übrigens auch, wenn ein Mann das Lächeln einer Frau falsch interpretiert und ihre Freundlichkeit als Flirtversuch auslegt. Das gilt natürlich ebenso umgekehrt.

Auf einer größeren Ebene begegnet uns der Mechanismus der Projektion oft bei unterschiedlichen kulturellen oder religiösen Gruppierungen. Beispielsweise leugnen Mitglieder der Gruppe A ihre eigenen Spannungen, ihre wirtschaftlichen und gesellschaftlichen Konflikte, ihre finanziellen Sorgen. Um die eigene Gruppe zu entlasten, suchen sie einen Sündenbock. Sie regen sich über Gruppe B auf, der man munter alle Charakterzüge, Eigenschaften und Absichten zuschiebt, die man bei der eigenen nicht sehen kann beziehungsweise will. Da die Mitglieder der Gruppe B sich zu Unrecht angegriffen fühlen, verteidigen sie wiederum ihre Gruppe und gehen zum Gegenangriff über. Dies kann zunächst zu einer Verhärtung der Standpunkte führen. Nach und nach werden gegenseitige Feindbilder aufgebaut, die in einen Machtkampf und schließlich in eine Konflikteskalation übergehen, bei der es von gegenseitigen Anschuldigungen, Drohgebärden bis hin zu erbitterten gewalttätigen Auseinandersetzungen gehen kann. Am Ende verlieren jedoch beide Gruppen.

Wir alle projizieren hin und wieder etwas auf andere Menschen. Wichtig ist, dass wir uns immer bewusster werden und immer mehr unterscheiden, ob wir den Menschen, mit dem wir gerade reden, wirklich wahrnehmen oder ob wir eine Eigenschaft, ein Gefühl, eine Bewertung über ihn drüberstülpen.

Wenn wir uns über jemanden aufregen, dann ist das häufig deshalb, weil er etwas an sich hat, das wir auch gern hätten und uns selbst nicht zugestehen, oder weil er eine Eigenschaft hat, die wir an uns selbst nicht mögen, sie aber in ihn hineinprojizieren!

ÜBUNG: PROJEKTIONEN ERKENNEN

Wenn du jemandem spontan eine bestimmte negative Eigenschaft zusprichst, dann halt inne, gib dir Zeit, und frag dich:

1. Hat derjenige etwas (zum Beispiel ein Verhalten, eine Eigenschaft, eine Stärke, einen Wunsch), das du auch gern hättest, dir selbst aber noch nicht zugestehst?
2. Machst du demjenigen Vorwürfe für etwas (zum Beispiel ein Verhalten, eine Eigenschaft, eine Schwäche), das du bei dir selbst möglicherweise noch nicht akzeptierst?
3. Was haben deine eigenen Bewertungen, Wünsche, Eigenschaften, Stärken oder Schwächen mit dem anderen zu tun?
4. Mach dir dann Gedanken darüber, was du aus dieser Übung lernen und in dein Leben integrieren kannst.

Intellektualisierung: »Ich denke, also bin ich«

Du kennst das vielleicht, in einem Meeting wird lebhaft diskutiert. Da erhebt ein Mann die Stimme und meint im Brustton der Überzeugung: »Nehmen Sie die Emotionen aus dem Spiel. Lassen Sie uns das Thema nüchtern und sachlich betrachten.«

Das Intellektualisieren ist ein Mechanismus, den traditionell Männer besser beherrschen als Frauen, obwohl Letztere da aufholen. Hierbei wird der Verstand glorifiziert und in den Himmel gehoben. Logik gilt als das Maß aller Dinge und kühles, abstraktes Denken als Garant für ein erfolgreiches Leben. Der französische Naturwissenschaftler und Philosoph René Descartes (1596–1650) prägte den bekannten Lehrsatz: »Ich denke, also bin ich.« Nach diesem Motto wurde das objektive, schlussfolgernde, wissenschaftlich-nüchterne Denken (Rationalismus) betont – mit dem man besser umgehen zu können glaubt(e) –, und die meist nicht beherrschbaren Gefühle wurden weitgehend aus dem öffentlichen Diskurs zurückgedrängt und abgewertet.

Fallbeispiel: Die »Notwendigkeit« von Entlassungen

Irmi erzählt ihrem Lebensgefährten Michael sehr besorgt, dass eine gute Freundin überraschend die Kündigung wegen Stellenabbaus bekommen hat.
Michael geht aber gar nicht auf die Gefühle ein. Sein Kommentar dazu besteht darin, »sachlich« von der Notwendigkeit von Entlassungen zu reden und wirtschaftliche Zusammenhänge zu erläutern.

Wenn jemand intellektualisiert, so fokussiert er sich gern auf belegte theoretische Aussagen, auf Statistiken, er erklärt Zusammenhänge, aber auch persönliche Themen sachlich und distanziert. Seine Argumente wirken kühl und vernünftig, die emotionale Beteiligung fehlt. Bei Diskussionen sagt er gern Sätze wie: »Kommen wir wieder zur Sache zurück!« Oder »Bleiben Sie doch sachlich!«

Obwohl körperlich anwesend, entsteht in einem Gespräch mit jemandem, der intellektualisiert, wenig Resonanz. Ein empathischer Gesprächspartner fühlt sich ob dieser offensichtlichen Schutzmaßnahme seines Gegenübers nicht gesehen, nicht verstanden und ist frustriert.

Faktisch-sachliches Betrachten einer Situation ist ja sinnvoll und in vielen Situationen hilfreich. Viele Entwicklungen und Neuerungen basieren darauf, dass Menschen ihre Stärken im rationalen Durchdringen eines Themas hatten und haben. Doch je mehr jemand diese Strategie anwendet, umso mehr schwindet der Zugang zu seinen Gefühlen und dem, was in seinem Körper geschieht. Wer diese Schutz- und Abwehrstrategie benutzt, kann zwar rasch Zusammenhänge erkennen, sie kategorisieren und zeitnah reagieren, doch genau die Schnelligkeit, die Reduktion auf Fakten und ein rein »sachliches« Urteil verhindern womöglich, dass er sich adäquat in Situationen ein- und mitfühlen kann, was eine wirkliche Lösung letztlich verhindern mag. Und wenn jemand seinen Körper nicht wirklich spürt, kann er auch bei sich selbst schlecht wahrnehmen, welche Bedürfnisse er hat, ob er Pausen braucht, wo seine Grenzen liegen, wie sein Verhalten auf andere wirkt und wie sich andere fühlen.

Unschwer zu erkennen: Wer intellektualisiert, dessen Aufgabe ist es, sich bewusst wieder mit seinen eigenen Gefühlen zu verbinden und auf seinen Körper zu hören, sodass er seine Kraft spüren und seine innere Stärke leben kann. Ein guter erster Schritt besteht hier darin, auf den Atem zu achten, genau hinzuspüren, in welcher Haltung man sitzt – wie bequem sie ist –, beim Gehen die ganze Aufmerksamkeit auf das Gehen zu lenken oder die Übung »Körperwahrnehmung oder Bodyscan« (siehe oben) zu machen.

Regression: »Ich bin dann mal weg«

Zur Einführung dieses Abschnittes stelle ich dir verschiedene Beispiele vor, sodass du erkennen kannst, wie unterschiedlich sich der Schutzmechanismus »Regression« konkret zeigen kann.

Zwei Fallbeispiele: Kapitulation und Rückzug

Ein Mann will auf seinem Handy etwas nachschauen. Es funktioniert nicht. Er versucht es mehrmals, ist frustriert und wirft es schließlich wütend in die Ecke.
Eine Frau fühlt sich durch die Worte ihres Freundes angegriffen und verletzt. Sie zieht sich beleidigt zurück, verkriecht sich in ein anderes Zimmer und ist den ganzen Tag nicht mehr ansprechbar.

Der Begriff »Regression« stammt aus dem Lateinischen und bedeutet so viel wie »Rückgang, rückläufige Tendenz«. Um sich vor Verletzungen zu schützen, fällt derjenige, der regrediert, auf eine frühere, kindliche Entwicklungsstufe zurück und verhält sich auf eine Weise, die der Situation unter Erwachsenen nicht angemessen ist. Der regressiven Möglichkeiten gibt es viele: Jemand hat eine geringe Frustrationstoleranz, kann plötzlich trotzig reagieren, signalisiert dies zudem mit deutlichem Tonfall und entsprechender Mimik, er kann sich aber auch innerlich zurückziehen oder bei Stress und Spannung mehr essen oder trinken. Andere Varianten sind: übermäßig viel schlafen oder auf der Couch liegen, nichts tun und sich versorgen lassen oder albern, übertrieben lustig sein sowie träumen.

Fallbeispiel: Der Traumjob

Johannes war Versicherungsmakler, verlor überraschend seinen Job und lebte vom Arbeitslosengeld sowie den Zuwendungen einer Freundin. Er war geknickt, hatte er sich doch für einen sehr guten Mitarbeiter gehalten. Bis er an einer Umschulungs-

maßnahme teilnehmen konnte, schlief er viel und träumte vor sich hin.
In der Schulung sollten alle Teilnehmenden eine Collage von ihrem Traumjob basteln und Maßnahmen dazu entwickeln. Er war enttäuscht, dass seine Lehrerin seine Collage als hoffnungslos unrealistisch bezeichnete. Auf der Collage war eine pinkfarbene Villa mit Palmen zu sehen, ein Flugzeug, das Meer mit einem Hafen, dazu eine Rolex und eine Champagnerflasche. Auf die Frage seiner Lehrerin, womit er diesen Lebensstil denn finanzieren wolle, schaute er sie mit großen Augen an und wusste keine Antwort.

Johannes träumte sich aus der Realität, um die für ihn frustrierende und beschämende Situation auszuhalten. Dies gab ihm eine Form von Sicherheit, die für ihn in dieser Zeit wichtig war.

Wenn du bemerkst, dass du kurz davor bist, aus Frustration mehr zu essen, zu trinken, sauer zu werden, dich zurückzuziehen oder in Tagträume abzugleiten, dann halt inne, und atme ein paarmal tief durch. Nimm aufsteigende Spannung, Zweifel und das Unbehagen wahr, und akzeptiere, dass sie da sind.

Anerkenne, dass du jetzt erwachsen bist und entsprechend mehr Wahlmöglichkeiten deines Verhaltens hast. Wende dich dann wieder bewusst der aktuellen Situation zu, und erlaub dir, angemessen zu handeln.

Aktionismus: »Wir müssen noch schnell …«

Es ist wunderbar, wenn Dinge angepackt und Pläne umgesetzt werden, doch manchmal werden Beschlüsse als Schutz vor Unsicherheit in ungeklärten Situationen übereilt und hektisch getroffen. Das Fatale daran ist, dass beim Aktionismus weder in größeren Zusammenhängen noch ausreichend an Nachhaltigkeit gedacht oder die daraus resultierenden Folgen umfänglich berücksichtigt werden. Wenn du beispielsweise daran denkst, wie in der Autoindustrie das E-Auto zum allein seligmachenden Mittel aufs Podest gehoben wurde, ohne einzubeziehen, unter welchen Bedingungen Kobalt und Lithium, die für die Batterien gebraucht werden, abgebaut werden. Und das ist nur eine der negativen Konsequenzen …

Doch auch im privaten Leben spielt Aktionismus eine große Rolle. Hat man Muße und »nichts zu tun«, fürchtet man möglicherweise, in seine eigenen Abgründe schauen zu müssen, und lenkt sich zum Schutz irgendwie ab. Kaum gibt es ein paar freie Minuten, schon schauen viele Menschen auf ihr Handy und wollen wissen, was es Neues gibt. Sie kontrollieren ihre E-Mails, versenden rasch ein paar Textnachrichten und sehen sich in den sogenannten sozialen Medien an, was ihre Freunde gerade so machen. Andere räumen hektisch ihre Wohnung auf oder rennen zum Einkaufen. Jede Minute will zwanghaft ausgenutzt werden!

Nichtstun ist für die allermeisten Menschen auch deshalb sehr schwer auszuhalten, weil wir doch gelernt haben, uns vornehmlich über Denken und Handeln zu definieren. Meine Großeltern zum Beispiel hatten ein großes Haushalts- und Eisenwaren-Geschäft. Als kleines Mädchen saß ich oft auf den Stufen, die zum Laden führten. Da kam meine Großmutter regelmäßig zu mir und sagte streng: »Sitz nicht so faul rum, tu was.« Sie drückte mir einen Staublappen in die Hand – und ich machte mich daran, vorsichtig das dekorierte Geschirr und den Krimskrams abzustauben. Als Erwachsene habe ich lange gebraucht, mir erlauben zu können, zum Beispiel einfach auf dem Balkon zu sitzen und mich zu entspannen, denn sobald ich nichts tat, hämmerte es in meinem Kopf: »Sitz nicht so faul rum, tu was.«

Dabei ist Nichtstun für unser Gehirn eigentlich sehr wichtig – der Stresspegel wird reduziert, das Gehirn kommt allmählich zur Ruhe. Gedankeninhalte können sich setzen, ordnen und mit bereits Gelerntem verbinden.

Entspannung und Erholung beginnen. Du tankst Energie und kommst wieder zu dir.

Gönn dir daher in deinem Alltag immer wieder Momente der Ruhe. Danach kannst du wieder gelassen, konzentriert und aufmerksam deiner Arbeit nachgehen.

ÜBUNG: AKTIONISMUS REDUZIEREN

Frag dich, wenn du dich dabei ertappen solltest, in Aktionismus zu verfallen:

1. Was willst du durch übertriebene Geschäftigkeit gerade jetzt erreichen?
2. Was könntest du bestenfalls gewinnen, wenn du dir stattdessen eine kleine Pause gönnst?
3. Was würde sich in deinem Denken, deinen Gefühlen und in deinem Körper verändern?

Jammern und Wehklagen: »Es ist alles so schrecklich!«

»Das Wetter ist so schlecht. Die Sonne scheint nicht. Und das am Wochenende! Ausgerechnet! Aber typisch, wenn ich schon mal Zeit habe, dann regnet es.«

»Ja, wie furchtbar. Dabei hat der Wetterbericht doch ›Heiter bis wolkig‹ prophezeit!«

So oder so ähnlich könnte sich der Dialog zweier Jammerer anhören. Dabei gibt es gar kein schlechtes Wetter. Das Wetter ist, wie es ist. Ob wir dies als schlecht oder als gut empfinden, hängt allein von unseren Lebensumständen und Interessen ab. Ein Landwirt würde vielleicht am gleichen Tag sagen: »Wie gut, dass es regnet, wir brauchen den Regen dringend für unsere Böden.«

Ähnlich verhält es sich in vielen anderen Situationen des täglichen Lebens.

Viele Menschen beklagen sich über ihre Arbeit oder über ihre Beziehung. Wer jammern will, findet immer Gründe, wenn er danach Ausschau hält! Menschen beklagen sich häufig über Menschen und Angelegenheiten, die anders sind, als sie es erhofft hatten. Und ja, es ist so, dass Dinge nicht immer so laufen, wie wir es gern hätten. Doch wenn wir eine Jammerarie anstimmen, verlagern wir die Verantwortung ähnlich wie bei der Schuldzuweisung auf andere oder die äußeren Umstände, um uns vor (Selbst)vorwürfen zu schützen. Dadurch löst man keine Situation und schafft sich darüber hinaus zusätzliches Leiden, indem man eine ohnehin nicht einfache Situation in ihrer negativen Wirkung noch verstärkt.

Wer sich beklagt, erhofft sich Aufmerksamkeit und Zustimmung. Und nicht nur das. Meist bekommt der Jammerer von anderen auch Mitgefühl, weil ihm die Firma – oder wer und was auch immer – in seinen Augen übel mitgespielt hat und er ungerecht behandelt worden ist! Warum jammern viele Menschen gern gemeinsam über Situationen, an denen sie nichts oder nur wenig verändern können, zum Beispiel über das leidige Wetter, über Politik, über den Chef oder die Chefin? Ganz einfach: Wenn wir gemeinsam klagen, dann bestätigen wir uns gegenseitig und versichern uns, dass wir einander vertrauen, dass wir »die Verständnisvollen« oder je nach Situation »die Wissenden« sind oder diejenigen, die »den Durchblick« haben. Es entsteht eine Art Wir-Gefühl, eine Verbundenheit.

Doch neben der Wirklichkeitsverzerrung bringt das Jammern und Wehklagen auch noch einige weitere Nachteile mit sich. Wir manipulieren andere, um Aufmerksamkeit zu bekommen. Wir ziehen uns und andere runter, haben weniger Energie – und ändern trotzdem nichts an der beklagten Situation.

Wenn dir auffällt, dass du jammerst und wehklagst, dann halt einmal inne, und frag dich:

- Was will ich damit wirklich erreichen?
- Welche meiner Erwartungen wurden nicht befriedigt?
- Was könnte ich aktiv tun, um meine Situation zu verbessern?

Natürlich gibt es noch viele weitere Schutz- und Abwehrstrategien, zum Beispiel Drogen, exzessives Shopping, Ordnungsfimmel … Sie alle zu beschreiben würde hier zu weit führen. Diese Strategien gelten sowohl für einzelne Menschen als auch für Unternehmen und Gesellschaften. Doch so unterschiedlich sie auch sein mögen, sie verfolgen positive Ziele: *Sie wollen uns vor Gefahren schützen und wehren Unsicherheit, Zweifel und Unangenehmes von uns ab!*

Sie wollen, dass wir uns in Sicherheit wägen, dass es uns gut geht und unser Selbstbild, aber auch unsere Werte und Normen erhalten bleiben. Sie dienen dazu, dass wir die Kontrolle behalten, recht haben und recht behalten – selbst auf Kosten von anderen. Sie verhindern, dass unangenehme und inakzeptable Seiten wie Überforderung, Hilflosigkeit, Minderwertigkeitsgefühle, Wut bewusst werden, und wollen Konflikte vermeiden. Sie sind sozusagen evolutionsbedingt eine Art Überlebensmechanismus.

Unsere Schutz- und Abwehrstrategien tauchen urplötzlich in Situationen auf, in denen unser Nervensystem unbewusst irgendeine Form von Bedrohung wahrnimmt. Dazu genügt eine Kleinigkeit: Das kann der Blick eines Gesprächspartners sein oder eine Meinung, die der unsrigen entgegengesetzt ist. In solchen Augenblicken können wir schlagartig an unseren eigenen Fähigkeiten und an uns zweifeln, fühlen uns unsicher, »nicht gut genug« und reagieren prompt mit unseren Schutz- und Abwehrstrategien, die wir als Kinder von unseren Eltern und anderen wichtigen Bezugspersonen gelernt haben. Sie haben damals gut funktioniert und uns vor Verletzungen geschützt, sonst hätten wir sie nicht.

Sie wirken sich nachteilig aus, wenn wir im Erwachsenenalter die Schutz- und Abwehrstrategien weiter reflexhaft nach dem Reiz-Reaktions-Prinzip anwenden. Dann nämlich haben wir nicht die Wahl unseres Verhaltens, sondern reagieren auf einen Auslöser und bezahlen unter Umständen einen hohen Preis:

- Wir erliegen in solchen Momenten – wie schon erwähnt – einer Wahrnehmungs- und Realitätsverzerrung.
- Wir sind nicht gegenwärtig!
- Entweder wir nehmen Gefühle kaum noch wahr oder bestehen fast nur noch aus Emotionen und leiden.
- Unsere Kommunikationsfähigkeit nimmt ab – wir sind voreingenommen, hören nicht wirklich zu.
- Wir sind im Stress und fühlen uns unter Druck.
- Wir »funktionieren« zwar, aber unsere Freude, unser Humor, unsere Kreativität und Lebensfreude sind gedämpft.
- Wir bleiben in unserer Komfortzone und lernen nichts dazu!

Wir sagen also unbewusst: »Ich will so bleiben, wie ich bin. Ich bin gegen Veränderung.«

Während wir gegenwärtig auf gesellschaftlicher, wirtschaftlicher, technologischer und ökologischer Ebene einen massiven

Veränderungsprozess erleben, bleiben wir durch unsere Schutz- und Abwehrstrategien an bestimmten Punkten in unserer eigenen Entwicklung stehen. Wir merken nicht, dass wir in den Momenten, in denen wir diese Schutz- und Abwehrstrategien anwenden, keinerlei Abstand zu unseren Gefühlen und Gedanken haben. Wir verwechseln unsere Gedanken und Gefühle mit uns selbst, dabei sind Gedanken nur Gedanken. Gefühle sind nur Gefühle, die mit den Gedanken zusammenhängen.

Jeder Mensch handelt so, wie er es in der jeweiligen Situation für richtig hält. Das machst du ja auch, oder nicht?

Wenn du gelegentlich ärgerlich, wütend, unsicher oder enttäuscht bist, dann sieht es oberflächlich so aus, als ob der andere die Ursache für deine Gefühle ist. Er verhält sich anders, als du es erwartet hast.

Das Handeln eines anderen Menschen dient in aller Regel für dich als Auslöser für deine Gedanken und Gefühle. Sein Verhalten hat ursächlich nichts mit dir zu tun, sondern mit seinen eigenen Konditionierungen.

Also musst du seine Handlungen nicht persönlich nehmen, denn sie sind es nicht, auch wenn du das – aufgrund deiner eigenen Konditionierungen und Bedürfnisse – fälschlicherweise glaubst. Deshalb kannst du üben, gegenwärtig zu bleiben, und im besten Fall bemerken, wenn dein Gesprächspartner gerade von seiner Konditionierung geleitet wird.

Und genau an dieser Stelle kommt nun dein Bewusstsein ins Spiel. Durch bewusstes Wahrnehmen kannst du eine Situation umfassend erkennen und stärkst damit dein Unterscheidungsvermögen. Du hast es nicht in der Hand, wie ein anderer Mensch agiert, wohl aber, wie du daraufhin handeln willst. Du kannst durch gezielte Selbstwahrnehmung deine eigenen Schutz- und Abwehrstrategien mehr und mehr erkennen und neue Denk-

und Handlungsspielräume entwickeln, die dir mehr an Wahlmöglichkeiten eröffnen und besser zu dir passen, sodass du deine innere Stärke vertiefen, deine Potenziale noch besser entfalten und deine Ziele leichter erreichen kannst.

Du hast zunehmend die Möglichkeit, dein Handeln selbst zu bestimmen, und findest konstruktivere Wege, um offen mit Problemen und Herausforderungen umzugehen und dich dennoch geschützt und sicher zu fühlen.

Wie du dabei grundsätzlich vorgehen und auch in herausfordernden Situationen gegenwärtig bleiben kannst, zeigt dir das nächste Kapitel.

Achtsamkeit – Zentraler Schlüssel für Zufriedenheit

Der größte Irrtum eines Menschen ist es,
dass er das Haben, Tun und Werden
mehr schätzt als das Sein.

G. P.

Seit geraumer Zeit boomt das Thema »Achtsamkeit«, und das aus guten Gründen; denn durch Achtsamkeitsübungen, Meditation und gezielte Selbstwahrnehmung

- wirst du bewusster und bist mit dir verbunden,
- gewinnst du Abstand zu deinen Gedanken, Gefühlen und deinem Körper,
- kannst du deine Emotionen besser regulieren und deine Aufmerksamkeit bewusster steuern,
- kannst du dich besser konzentrieren und wirst flexibler,
- gewinnst du Einsichten,
- wirst du gelassener und ruhiger – Stress reduziert sich –,
- stärkst du das Mitgefühl mit dir selbst und mit anderen,
- hast du mehr Energie, wirst zufriedener, dankbarer, gesünder und erfolgreicher.

Das Interessante ist, dass dies alles angenehme Nebeneffekte sind, denn die Hauptsache bei der Achtsamkeitsmeditation ist Gegenwärtigkeit, gleichgültig, welche Art der Praxis du durchführst. Warum ist Gegenwärtigkeit so wichtig?

Wie du weißt, beschäftigt sich der Verstand gern mit der Vergangenheit. Du kannst in angenehmen Erinnerungen deiner Geschichte schwelgen oder dir Gedanken darum machen, warum etwas nicht so gut gelaufen ist, was du hättest anders machen sollen, und findest Gründe, mit der gegenwärtigen Situation zu hadern. Alternativ liebt der Verstand es, sich eine schöne Zukunft vorzustellen, oder er befürchtet, dass sich das Leben verschlechtern könnte. Doch ob du gedanklich in der Vergangenheit oder in der Zukunft verweilst, in beiden Fällen verpasst du die Gegenwart. Dabei findet das Leben immer nur hier und jetzt statt, denn nur in der Gegenwart denkst, fühlst, handelst, lachst, liebst und lernst du. Natürlich ist es notwendig, Ziele zu entwickeln, Maßnahmen zu planen und Zusagen einzuhalten, doch es gilt auch, deine Aufmerksamkeit immer wieder in die Gegenwart zu holen. Genau das kannst du durch Achtsamkeitsübungen und Meditation trainieren.

Wie Studien von Britta Hölzel und Sara Lazar gezeigt haben, verändert sich durch Meditation sogar das Gehirn. Die graue Substanz im Hippocampus, der für Gedächtnis und Lernen zuständig ist, wird dicker. Außerdem können Menschen, die meditieren, besser mit Schmerz umgehen. Sie können ihn besser beobachten und identifizieren sich nicht mehr so stark mit ihrem Körper.[8] Die genannten Auswirkungen sind allerdings erst nach Wochen der Ausübung nachzuweisen.

Es gibt verschiedene Meditationstechniken. Sie können im Sitzen durchgeführt werden und sich zum Beispiel auf die Beobachtung des Atems, auf Gedanken, auf das Sehen, auf Geräusche richten. Sie können in Bewegung stattfinden wie das berühmte achtsame Gehen, Yoga oder Tai-Chi. Meditation kann auch ohne bestimmten Inhalt praktiziert werden.

Eine Warnung vorweg: Für Menschen, die aktuell an psychischen Problemen leiden, kann Meditation irritierend bis kontraproduktiv sein. Daher sollten sie sich eine professionelle Meinung einholen.

Eine zweite Warnung: In unserer schnelllebigen Zeit soll sich ja alles auf Knopfdruck ändern. Es kann sein, dass du während der Meditation rasch ungeduldig wirst, weil du bestimmte Ergebnisse erwartest. Wenn du das feststellst, dann kehr bewusst wieder zu der Übung zurück, zum Beispiel zum bewussten Atmen.

Erlaub dir, dich auf die Meditation offen, freundlich und nicht wertend einzulassen.

Die folgende Meditationstechnik ist eine Basisübung. Sie ist an keine besonderen Bedingungen geknüpft und kann leicht durchgeführt werden. Wenn du sie in deinen Alltag integrieren möchtest, kannst du mit fünf Minuten beginnen und dich im Lauf der Zeit auf dreißig Minuten täglich steigern, wie es für dich passt. Und falls du an einem Tag keine Zeit oder keine Lust hast – na und? Das passiert, dann mach am nächsten Tag wieder mit gutem Gewissen und Neugier weiter.

ÜBUNG: BEWUSST ATMEN

1. Trag bequeme Kleidung, und sorg dafür, dass du für eine Weile ungestört bist. Setz dich an einem ruhigen Ort bequem und in aufrechter Haltung auf einen Stuhl. Nun schließ deine Augen und leg beide Hände locker ineinander mit den Handflächen nach oben, und nimm bewusst wahr, wie du dasitzt.
2. Als Nächstes erlaub dir zu spüren, wie die Luft beim Einatmen durch die Nase einströmt, wie sie den Hals passiert und die Lungen sich füllen, wie sich dabei Brust- und Bauchraum dehnen. Nimm sodann nach dem Einatmen

eine kleine Lücke zwischen Einatmen und Ausatmen wahr und atme nun langsam wieder aus. Dabei spürst du, wie sich Bauch- und Brustraum wieder senken und die Luft langsam durch die Nase nach außen strömt.

3. Und wenn du bemerkst, dass du gerade in Gedanken warst – wunderbar, dass du dies erkennen konntest –, dann kehrst du wieder zum Atem zurück, ohne das in irgendeiner Weise zu werten.
4. Wenn Gefühle kommen, nimm sie ebenfalls nicht wertend wahr, und kehr wieder zum Atem zurück. Sobald es körperlich irgendwo zwickt und zwackt, nimm dies ebenso nicht wertend wahr, und kehr wieder zum Atem zurück. Das ist alles.

Auch wenn die Übung sehr einfach klingt, so ist sie doch immer wieder herausfordernd. Denn gerade wenn es wenig für den Verstand zu tun gibt (außer auf deinen Atem zu achten), schweift er gern ab. Er ist es so gewohnt, viel zu tun zu haben. Also will er auch hier die Zeit nutzen! Er ist wie ein junges Pferd, das an den Zügel genommen werden muss, um nicht davonzugaloppieren. Wenn du das weißt, kannst du deine Aufmerksamkeit immer wieder freundlich zum Atem zurückholen und dich erneut darauf fokussieren.

Du kannst diese Übung in Abwandlung, mit offenen Augen und je nach verfügbarer Zeit machen,

- wenn du im Supermarkt wieder einmal in der »falschen Schlange« stehst und an der Kasse wartest,
- wenn du in einem Meeting sitzt und ein paar Augenblicke für dich brauchst,
- wenn du beim Autofahren in einem Stau stehst,

- wenn du auf jemanden wartest,
- bevor du mit deinem Chef redest,
- kurz bevor du einen wichtigen Termin hast oder
- bevor du einen sportlichen Wettkampf beginnst.

Du hast auch jetzt die Möglichkeit, dieses Buch beiseitezulegen, kannst auf deinem Handy den Alarm auf fünf bis zwanzig Minuten einstellen, dich bequem hinsetzen und bewusst atmen.

Martin Boroson, Autor des Buchs *Ein Moment reicht,*[9] hatte die glänzende Idee, diese Wahrnehmungs- und Achtsamkeitsübung auf eine einzige Minute zu begrenzen, und das aus gutem Grund: Er sagte, dass viele Menschen in unserer Gesellschaft vorgeben, keine Zeit für derlei Übungen zu haben, und meinte, für *eine einzige* Minute hätten sie ganz sicher Zeit – sogar mehrmals am Tag.

Recht hat er! Du kannst ab jetzt sicher auch immer wieder eine Minute Zeit im Lauf eines Tages finden, in der du bewusst atmest, oder nicht?

Durch Achtsamkeitsmeditation kannst du deine Selbstwahrnehmung weiter schulen und lernst, Abstand von deinen Gedanken zu bekommen. Du kannst in der Meditation üben, bewusst Gedanken wahrzunehmen und zu unterbrechen, indem du wieder zum Atem zurückkehrst. Dadurch gewinnst du im Lauf der Zeit mehr an Wahlfreiheit deiner Gedanken und Gefühle, wirst gegenwärtiger, achtsamer, klarer und gelassener. Dafür lohnt sich doch das Meditieren, oder?

Im nächsten Kapitel erfährst du, was Sicherheit, Unsicherheit und Zweifel oder Angst um das Überleben mit unserem Nervensystem zu tun haben. So kannst du deine Gedanken, Gefühle, deine körperlichen Reaktionen und Handlungen noch besser verstehen und einordnen.

Sicherheit, Gefahr oder Lebensgefahr?

Stress und Entspannung, Aufregung und Erholung, Einsamkeit und Verbundenheit, Schmerz und Freude, alles gehört zum Leben, zum Lernen, zur Entwicklung.

G. P.

Was unser autonomes Nervensystem für uns will

Während meines Psychologiestudiums habe ich mich oftmals gewundert, dass der Körper so eine geringe Rolle spielte. Also habe ich mich außerhalb des universitären Betriebs umgesehen und Fortbildungen in unterschiedlichen Therapieformen gemacht, die den Körper mit einbezogen haben. Dabei habe ich viel über die Bedeutung von Körpererfahrung entdeckt und in meine Arbeit integriert.

Schließlich wurde in einem Fernsehbericht eine Frau gezeigt, die auf einer Safari in Afrika durch den Busch ging und urplötzlich einen großen Satz zur Seite machte. Sie war gerade noch einer hochgiftigen Schlange ausgewichen.

Du fragst dich vielleicht: »Was ist denn daran besonders?« Und: »Was hat das mit dem Thema des Buches zu tun?« Für mich war diese Situation total faszinierend, weil sie mir zeigte, dass unser Körper ganz offensichtlich über ein eingebautes inneres System verfügt, das schneller ist als unser rationaler Verstand und obendrein auch anderes wahrnehmen kann. Ein System, das bei akuten Gefahren blitzartig aktiv wird und auf diese Weise für Sicherheit sorgt und unser Leben schützt.

Dieses Frühwarnsystem ist das autonome Nervensystem. Es hat maßgeblichen Einfluss darauf, wie wir uns mental, körperlich und psychisch fühlen und wie wir uns verhalten. Es hilft uns, in dynamischer Balance zu bleiben beziehungsweise wieder ins Gleichgewicht zu kommen. Zudem sorgt es dafür, dass wir uns sicher und wohlfühlen, zu anderen Menschen eine gute Verbindung haben, es schützt uns aber auch vor Gefahren. Es steuert die inneren Organe, den Herzschlag, die Atmung, den Blutdruck sowie die Sexualorgane. Ständig im Hintergrund tätig, beobachtet und bewertet es die Welt, spezifische Situationen und andere Menschen – ohne dass wir uns dessen bewusst sind –, ob wir in einer Situation sicher sind, ob Gefahr lauert oder ob sogar unser Leben bedroht ist. Seine wichtigste Aufgabe ist es, unser Überleben zu sichern.

Wahrscheinlich hast du schon in der Schule gelernt, dass das autonome Nervensystem in zwei Hauptzweige unterteilt wird: den Sympathikus und den Parasympathikus.

Bei drohender Gefahr wird der Sympathikus aktiviert, blitzartig werden Stresshormone ausgeschüttet, der ganze Körper wird mobilisiert, zusätzliche Energien werden freigesetzt, Muskeln aktiviert. Wir sind wach, aufmerksam und konzentriert, um schnell auf Gefahr reagieren zu können – entweder durch Kampf oder durch Flucht.

Der Parasympathikus ist mit seinem Hauptnerv, dem Vagus, für die anschließende Entspannung nach einem Stressereignis zuständig. Erleichtert atmen wir auf! Unser ganzes System kann sich wieder beruhigen, regulieren, erholen und erneuern. Verdauungssystem und Immunsystem können wieder ihren Aufgaben nachkommen, Heilungsprozesse finden statt. Wir bleiben so lange in diesem angenehm entspannten Zustand, bis die nächste stressreiche Situation eintritt und der Sympathikus wieder aktiviert wird. Doch in unseren »modernen Zeiten«, in denen vieles so schnell gehen soll, obendrein die unterschiedlichsten Anforderungen an uns gestellt werden, sind viele Menschen im Dauerstress, sind nervös und rennen hektisch von Termin zu Termin. Sie können nicht mehr richtig abschalten, dabei ist das notwendig, um langfristig gesund und motiviert zu bleiben.

Sympathikus und Parasympathikus fungieren jedenfalls als Gegenspieler und regulieren sich gegenseitig.

So weit, so bekannt.

Während meiner Ausbildung in Somatic Experiencing® hatte ich im Rahmen eines Workshops Stephen Porges kennengelernt. Er ist Professor für Psychiatrie und Neurowissenschaftler, Direktor des Brain-Body Center an der Universität von Illinois in Chicago und beschäftigt sich seit nunmehr fast fünfzig Jahren mit dem autonomen Nervensystem. Ihn interessiert, wodurch sich Menschen in der Kommunikation sicher oder bedroht fühlen und in Stress geraten, aber auch wie sie wieder zur Ruhe und Sicherheit zurückfinden. Hatte man bisher angenommen, dass beim parasympathischen System nur ein Vagusnerv existiert, so entdeckte Porges, dass es zwei Hauptzweige des Vagusnervs mit sehr unterschiedlichen Aufgaben gibt:

- den hinteren (dorsalen) Vagus, der uns bei Lebensgefahr durch Immobilisierung schützt, und
- den vorderen (ventralen) Vagus, der für das Gefühl von Sicherheit und Verbundenheit sorgt.

Die Entdeckung von Porges ist für das Verständnis von Unsicherheit und Sicherheit auf einer biologischen Ebene sehr wichtig, denn Porges verdeutlicht in seinem Modell der polyvagalen Theorie«,[10] dass das autonome Nervensystem nach seiner biologischen Entstehung und Entwicklung in einer zeitlichen Abfolge angeordnet ist.

Je nachdem, wie die neurobiologische Bewertung einer Situation ausfällt, reagieren wir sehr unterschiedlich – mit Erstarrung, Kampf- oder Fluchtverhalten, oder wir verhalten uns zugewandt und genießen den angenehmen Zustand.

Schauen wir uns die unterschiedlichen Schutzsysteme genauer an, denn sie beeinflussen maßgeblich, wie wir miteinander umgehen und zusammenarbeiten.

Das älteste Sicherheitssystem: Der dorsale Vagus – Achtung, Lebensgefahr!

Evolutionsgeschichtlich entwickelte sich der dorsale Vagusnerv des parasympathischen Systems mit seinen Verzweigungen vor etwa fünfhundert Millionen Jahren und ist damit der älteste Teil des autonomen Nervensystems. Ihn haben wir mit Kriechtieren und Fischen gemeinsam. Wenn wir uns sicher fühlen, ist der dorsale Vagus für Entspannung, Verdauung und Sexualität zuständig. Er wird bei Lebensgefahr aktiviert und geht mit Erstarrung und einem »Totstellreflex« einher, um das Leben zu schützen.

Manchmal erleben wir eine Situation als so überwältigend und bedrohlich, dass wir auf dieses entwicklungsgeschichtlich älteste System mit dem dorsalen Vagus zurückfallen. Vor vielen Jahren war ich zum Surfen am Mittelmeer. Es zogen dunkle Wolken auf, und ich dachte: »Super, jetzt kommt guter Wind auf«, schwang mich auf mein Brett und hatte viel Spaß dabei. Der Wind blies kräftig, das Meer wurde unruhiger. Ich wusste, dass ich wenden musste, wenn ich nicht zu weit aufs offene Meer surfen wollte. Gerade als ich wenden wollte, kam eine heftige Bö. Ich konnte mein Segel nicht halten, es klatschte ins Wasser – und ich mit. In dem Moment waren wir in einem Wellental, das Wasser war höchstens 40 Zentimeter tief. Es krachte in meinem Knie. Ich konnte es nicht mehr bewegen. Wie sich später herausstellte, war der Meniskus gerissen. Ich schaute mich um und sah am Horizont den Küstenstreifen, rollte das Segel ein, legte es flach auf das Brett und mich dazu. Es begann, in Strömen zu gießen. Ich hatte die Segelschnur um meine Hand geschlungen und bemühte mich, nicht ins Wasser zu fallen. Die Wellen waren so hoch, dass ich immer wieder kein Land sah und dachte: »Wenn ich Pech hab, treibt es mich raus, und ich lande in Albanien.« Trotzdem hatte ich keinerlei Angst, keinerlei Schmerzen, obwohl ich mein Bein nicht bewegen konnte. Meine einzige Bemühung war, mich auf dem schaukelnden Brett zu halten. Erst als ich den Motor eines Bootes hörte und sah, dass es auf mich zukam, änderte sich mein Zustand.

Der dorsale Vagus leitet die Immobilisierung ein und stellt bei einer akuten Lebensgefahr den Körper ruhig, sodass wir Energie sparen und physische und psychische Schmerzen nicht oder kaum mehr spüren. Dieses Muster haben wir mit vielen Tieren gemeinsam. Wenn bei einem Opossum, das ist eine Beutelratte, Lebensgefahr droht, so stellt es sich völlig still, sodass der Angreifer glaubt, es sei tot, und das Interesse an ihm verliert. Wenn dieser sich abgewandt hat und weit genug weg ist, so schüttelt sich das Opossum, orientiert sich neu und setzt quicklebendig den eigenen Weg fort.

Immobilisierung oder Erstarrung tritt aber auch ein, wenn man sich in einer Situation gefangen fühlt und nicht weiß, wie man »aus der Nummer rauskommen« soll. Das kann passieren, wenn man sich sehr überfordert fühlt und keine Lösung in Sicht ist, wenn man harsch kritisiert wird oder sich in keiner Weise gesehen oder sich unerwünscht fühlt. Obwohl hier keine

Lebensgefahr droht, greift unser Nervensystem auf diese evolutionär älteste Reaktion zurück, da unerwünscht zu sein, das Gefühl, nicht in Ordnung zu sein oder übersehen zu werden zu den schmerzhaftesten Gefühlen gehört und man sich als ganze Person abgelehnt fühlt.

Ist der dorsale Vagus aktiviert, atmet man nur noch flach, das Gesicht ist blass, der Blick scheint leer, die Bewegungen wirken erschöpft, die Stimme klingt schwach und monoton. Man sitzt da wie das Kaninchen vor der Schlange, im Moment unfähig, etwas zu sagen oder zu tun. Man ist abgeschnitten von seinen Kraftquellen, abgeschnitten von seinen Talenten und Fähigkeiten und kann kaum Kontakt zu Freunden oder Familie aufnehmen. Man hat das Gefühl: »Es versteht mich sowieso niemand, dann kann ich es auch gleich lassen« und hat kein Interesse an einer Verbindung zu anderen Menschen. Man hat wenig Energie, fühlt sich wie eingefroren, gelähmt, isoliert, hilflos, manchmal auch hoffnungslos und verloren.

Gerade bei einem Trauma wie Missbrauch, Opfer von Terror und häuslicher psychischer oder physischer Gewalt, aber auch bei schweren Krankheiten, Schmerzen und Verletzungen ist die Abspaltung der Gefühle *der* Überlebensmechanismus auf lebensbedrohliche Situationen. Er hilft, weiter zu funktionieren. Von Sportlern ist bekannt, dass sie auch mit einem Knochenbruch noch weiter ihren Wettkampf bestreiten. Erst wenn dieser vorbei ist, spüren sie den Schmerz.

Fallbeispiel: Der Klimawandel

Vor Kurzem hatte ich eine sehr sympathische, einfühlsame, selbstständige Frau im Coaching. Sie erzählte mir Folgendes: »Ich saß mit meinem Mann und meinen zwei Söhnen (vierzehn

und sechzehn Jahre alt) zusammen. Wir sprachen über den Klimawandel. Ich äußerte meine Meinung dazu. Beide Söhne hatten eine andere Meinung als ich und hämmerten in solch einer Dringlichkeit auf mich ein, dass ich völlig verstummt bin und gar nichts mehr sagen konnte. Sie diskutierten weiter und bemerkten gar nicht, dass ich nur noch schweigend wie ein Zaungast dabeisaß. Ich konnte nichts sagen, fühlte mich völlig allein und erschöpft wie nach einem schweren, verlorenen Kampf.«
Diese Situation aktivierte eine längst vergangene, sehr bedrohliche Szene. Sie erinnerte sich daran, dass sie als Kind auf ihrem Schulweg regelmäßig von vier Jungs verprügelt worden war und sich nicht wehren konnte. Sie hatte sich damals völlig verschlossen, und zu Hause war niemand, dem sie sich hätte anvertrauen können. Sie hatte diese Erfahrungen über Jahre hinweg in sich eingeschlossen, um sich vor den damit verbundenen übermächtig schmerzenden Gefühlen zu schützen – zu dem Preis, dass sie in Situationen, die sie als überwältigend bedrohlich empfand, starr vor Schreck wurde und unfähig war zu sprechen.
Wir konnten im Coaching an dieser Situation arbeiten, sodass sie ihre abgespaltenen Gefühle von damals integrieren und sich wieder sicher und verbunden fühlen konnte.

An diesem Beispiel kannst du erkennen, dass eine anscheinend harmlose Diskussion im Familienkreis durchaus eine zeitweise Immobilisierungsreaktion hervorrufen und ein früheres traumatisches Ereignis reaktivieren kann.

Manchmal fällt es uns schwer, das Verhalten eines anderen Menschen nachzuvollziehen, doch wenn wir erkennen, dass Verhalten auch auf derart grundlegend neurobiologischen Vorgängen basiert, so können wir mehr Verständnis für andere

Menschen und uns selbst entwickeln. In manchen Situationen handeln wir eben nicht nach dem logischen Verstand, hier übernimmt blitzschnell das autonome Nervensystem die Vorherrschaft. Es sieht eine Gefahr, wird im Bruchteil einer Sekunde aktiviert, will uns schützen und unser Überleben sichern. Genau dafür ist es da, das ist seine Aufgabe.

Das zweitälteste Sicherheitssystem: Unser sympathisches Nervensystem – Stress, lass nach!

Vor etwa vierhundert Millionen Jahren entstand das sympathische Nervensystem, das Körpertemperatur, Herz- und Atemrhythmus reguliert. Bei Gefahr wird blitzartig Adrenalin freigesetzt und bereitet den Körper auf Kampf oder Flucht vor.

Angenommen, du bist in einem Gespräch. Es läuft zunächst gut, du fühlst dich sicher, entspannt und genießt den interessanten Austausch mit deinem Gesprächspartner. Doch dann siehst du, wie dieser mehrmals auf die Uhr schaut. Er runzelt die Stirn oder sagt einen Satz, der deinen Erwartungen und Vorstellungen total zuwiderläuft. Sein Blick wird starr, sein Ton harscher. Gleichzeitig merkst du, wie deine eigene Anspannung steigt.

Das ist der Moment, in dem dein eigenes sympathisches System mobilisiert wird und signalisiert: Vorsicht – Gefahr! Schlagartig steigt dein Adrenalinspiegel, Stresshormone werden ausgeschüttet, dein Zustand ändert sich – mental, emotional, körperlich und im Verhalten. Er macht dich handlungsbereit für Bewegung, für Kampf oder Flucht. Du spitzt die Ohren, deine Augen registrieren jede kleinste Veränderung, du achtest auf minimale Ungereimtheiten, bist in Habachtstellung, dabei wachsam und aktiviert. Dein Herz schlägt schneller, du atmest kürzer, die Muskeln sind angespannt. Jetzt ist die Verbindung zum anderen unterbrochen, du wirst unruhig, fühlst dich möglicherweise unsicher, zweifelst an dir. Gedanken setzen ein wie: »Wieso schaut der andauernd auf die Uhr? Er interessiert sich nicht für das, was ich sage! Mache ich etwas falsch?« Oder du ärgerst dich nach dem Motto: »Was fällt dem ein, dass er die ganze Zeit auf die Uhr schaut!« Dabei bist du bereit, in Konfrontation zu gehen. Du bist verletzt, kannst nicht mehr richtig zuhören, dich nicht mehr gut konzentrieren. Die Anspannung steigt, dein rationaler Verstand weicht zurück, und deine automatischen Schutz- und Abwehrstrategien übernehmen die Hauptrolle. Du greifst an, und sei es nur durch eine spitze Bemerkung. Oder du ziehst dich innerlich oder äußerlich zurück und entfliehst der Situation.

Eine Bekannte von mir erzählte von einer typischen sich wiederholenden Situation mit ihrem Freund. Immer wieder passiert es bei Meinungsverschiedenheiten, dass ihr Freund abrupt aufsteht, die Wohnung verlässt und spazieren geht. Nach einer Weile kehrt er guter Dinge zurück und will nicht mehr über das Thema sprechen. Durch den räumlichen Abstand kann er sich selbst wieder beruhigen und regulieren.

Natürlich gibt es viele mögliche äußere Stressauslöser wie Ärger in Beziehungen, finanzielle Sorgen, Prüfungen, Wettbewerbe, Angst vor Kritik, Pflege der Eltern, Trennungen oder abrupte gesellschaftliche Veränderungen und Krisen, auf die wir keine fertige Antwort haben. Zu den wichtigsten Unsicherheitsfaktoren und damit zu Stressauslösern in einer Firma gehören Umstrukturierungen, permanent hohe Anforderungen, neue Technologien und ständige Erreichbarkeit, aber auch Konkurrenz, wenig Anerkennung und ein schlechtes Betriebsklima. Oder es kommt ein unangenehmes Telefonat, im Meeting wird der eigene Standpunkt massiv kritisiert.

Unser autonomes System reagiert aber nicht nur auf äußere Situationen, sondern auch auf Inneres. Wir kommen in Stress und setzen uns unter Druck,

- wenn wir zu hohe Ansprüche an uns selbst stellen,
- wenn wir von uns erwarten, dass wir perfekt sein müssen – eine Supermutter oder ein Supervater sein wollen, die Kinder toll erziehen, uns gesund ernähren, Sport treiben, Freunde treffen wollen, bei den Trendthemen mitreden und beruflich erfolgreich sein wollen,
- wenn wir glauben, wir müssten uns um die Bedürfnisse aller anderen kümmern, und daher unsere eigenen Bedürfnisse vergessen,
- wenn wir von uns erwarten, immer stark zu sein und keinerlei Schwäche zeigen dürfen,
- wenn wir auf Harmonie bedacht sind und doch mal Meinungsverschiedenheiten haben oder
- wenn wir in Stress geraten, weil *andere* unseren Ansprüchen oder Erwartungen nicht gerecht werden.

Unser sympathisches Nervensystem springt sogar an, wenn wir nur an eine stressreiche Situation aus der Vergangenheit denken oder uns eine verunsichernde Situation ausmalen, die in der Zukunft passieren könnte.

Unser sympathisches System wird garantiert mobilisiert, wenn wir an den Rand unserer Komfortzone stoßen und eine Situation erleben, die anderes Handeln als gewohnt erfordert, und wir nicht genau wissen, wie wir reagieren wollen oder was als Nächstes passiert. Mit unseren gewohnten Denk- und Verhaltensweisen stoßen wir an eine Grenze und haben kein fertiges Rezept für eine neue Situation, auf das wir zurückgreifen können. Wie auch? Wir haben keine Lösung, die wir zeitnah aus dem Ärmel schütteln können. Die Folge ist, dass wir oft unwillkürlich mit evolutionsgeschichtlich früheren Verhaltensweisen wie Kampf oder Flucht reagieren oder, wenn etwas zu schnell, plötzlich und überwältigend ist, sogar auf den ältesten Teil des autonomen Nervensystems mit dem Totstellreflex zurückfallen. Heute gibt es zwar keine wilden Tiere mehr, vor denen wir uns schützen müssen, heute wenden wir dennoch unsere unterschiedlichen Schutz- und Abwehrstrategien an, um mögliche Gefahren rasch zu bannen, sodass wir wieder Sicherheit gewinnen und uns entspannen können.

Unser sympathisches Nervensystem macht uns in einem positiven Sinn wach, aufmerksam und handlungsbereit, sodass es uns leichter fällt, unsere Komfortzone zu verlassen.

Der entwicklungsgeschichtlich jüngste Teil des autonomen Systems ist von überragender Bedeutung, wenn es um unsere Sicherheit, Verbundenheit und um wertschätzende Kommunikation geht. Durch ihn finden wir nach stressigen Situationen wieder zu innerer Ruhe und Gelassenheit.

Der jüngste Teil des autonomen Systems: Der ventrale Vagus – Ich bin sicher und kann so sein, wie ich bin

Der jüngste Teil des parasympathischen Systems, der ventrale Vagus mit seinen Verzweigungen, entstand vor etwa zweihundert Millionen Jahren. Er geht vom Zwerchfell aufwärts und wirkt auf Atem, Herz und Gesichtsnerven und sorgt für Sicherheit, Geborgenheit und Verbundenheit.[11]

Du kennst sicher Momente, in denen du gelassen, guter Laune, neugierig und zuversichtlich bist, dabei offen für Neues und für andere Menschen. Du bist mitfühlend, achtsam, hörst gern zu, sagst deine Meinung und freust dich über wohlwollenden Austausch und Liebe. Du entwickelst gute Beziehungen und Freundschaften, kannst dich fallenlassen, deine Nöte mit Freunden besprechen, kannst dich selbst gut regulieren und nach einer Stresssituation wieder beruhigen. Du lässt dich auf die jeweilige Situation ein, arbeitest gern mit anderen zusammen. Ihr unterstützt euch gegenseitig, kreiert neue Ideen, setzt Pläne um, arbeitet effizient und genießt das Erreichte. Es macht dir Spaß, mit Kindern zu spielen oder ihnen abends vor dem Einschlafen noch eine Geschichte vorzulesen.

Genau in solchen Situationen ist dein ventraler Vagus aktiv, aber auch dann, wenn du einen Spaziergang in der Natur machst, einen Sonnenuntergang bestaunst, dich ganz der Musik hingibst, wenn du meditierst oder erholsam schläfst.

Wenn du dich sicher und verbunden fühlst, kannst du so sein, wie du bist, und tun, was für dich ansteht.

Wir alle brauchen dieses Gefühl von Sicherheit und Verbundenheit, sind wir doch auf Verbindung angelegt. Schon in der Frühzeit unserer Entwicklungsgeschichte war Verbundenheit überlebenswichtig. Die Menschen lebten in Gruppen zusammen, schotteten sich gegen Fremde ab und verteidigten sich gegen Eindringlinge oder gegen wilde Tiere. Außerhalb der Gruppe war das eigene Leben in Gefahr. Deshalb war es für die eigene Sicherheit absolut notwendig, zur Gruppe dazuzugehören, die Regeln der Gruppe zu befolgen, um nicht verstoßen zu werden. Dieses Erbe tragen wir heute noch in uns.

Interessanterweise führte die Firma Google eine zweijährige Studie mit über 180 eigenen Teams durch. Sie wollten Aspekte erfolgreicher Zusammenarbeit herausfinden. Das Ergebnis: Schlüsselfaktor Nummer eins ist psychologische Sicherheit![12]

Diese innere Sicherheit und das Gefühl der Verbundenheit bilden das Fundament für Selbstvertrauen und Vertrauen in andere

Menschen. Es bildet die Basis für wertschätzende Kommunikation. Porges nennt dies das »Social Engagement System (SES)«, das wir essenziell zum Leben und Aufblühen brauchen, gleichgültig, ob in der Familie, bei Freunden, Bekanntschaften oder bei der Zusammenarbeit im Beruf. Und wer sich sicher fühlt, hat Selbstvertrauen und Freude daran, sich zu engagieren, sich einzubringen, bewusst über Grenzen zu gehen und sein Potenzial zu entfalten.

Die Bedeutung des ventralen Vagus für unser soziales Leben wurde in der ursprünglichen Betrachtung des autonomen Nervensystems lange nicht erkannt. Man dachte, dass das parasympathische System ausschließlich für Ruhe und Entspannung zuständig sei. Erst durch Stephen Porges wurde bekannt, wie wichtig der ventrale Vagus für die Verbindung zu anderen Menschen ist.

Auch wenn wir die drei unterschiedlichen Schutzsysteme und ihre Signale für Sicherheit, Gefahr und Lebensgefahr mit allen Menschen teilen, so reagiert jeder Mensch aufgrund seiner Erfahrungen und den damit verbundenen Ansprüchen und Erwartungen sehr individuell auf einen Reiz. Und die meisten Menschen können im Lauf eines Tages alle drei Sicherheits- und Schutzsysteme erleben.

Das fängt schon morgens an – der Wecker klingelt. Du schaltest ihn ab und döst etwas vor dich hin. Kurze Zeit später schaust du wieder auf den Wecker. Mist! Zu lange gedöst! Voller Hektik stürzt du aus dem Bett, duschst in Windeseile, putzt die Zähne, schlüpfst in die Kleidung und rennst zum Auto. Adrenalin pur *(sympathisches System)*. Auf dem Weg zum Büro stehen heute alle Ampeln auf Rot! Der nächste Stress! Im Büro entspannst du dich, hältst beim Kaffeeautomaten mit einer Kollegin einen kleinen Plausch und kommst gut mit deiner Arbeit voran *(ventraler Vagus)*.

Beim Mittagessen mit mehreren Kollegen bemerkst du, dass sie sich untereinander unterhalten und dich nicht einbeziehen. Du fühlst dich wie gelähmt und überflüssig *(dorsaler Vagus)*. Wieder am Schreibtisch, bringt dir eine andere Kollegin ein Stück selbstgebackenen Kuchen mit und sagt dazu: »Ich weiß, dass das dein Lieblingskuchen ist.« Du freust dich, fühlst dich wertgeschätzt und entspannst dich wieder *(ventraler Vagus)*. Nach dem Büro stehst du im Stau und ärgerst dich, weil du zu einem privaten Termin zu spät kommst *(Sympathikus)*. Als dein Bekannter am Handy meint: »Alles gut, Hauptsache, du kommst sicher an«, fällt eine Last von dir, du entspannst dich wieder. Schließlich bekommst du nicht sofort einen Parkplatz in der Nähe des Lokals, dein Stresspegel steigt wieder. Du findest dann doch eine Parklücke, gehst zum Lokal, worauf dein Bekannter dich mit den Worten begrüßt: »Ich freue mich, dass du da bist!« Ihr trinkt Wein, esst zusammen, unterhaltet euch angeregt und genießt den Abend *(ventraler Vagus)*.

DAS AUTONOME NERVENSYSTEM[13]

Parasympathisch ältester Teil	**Sympathisch mittlerer Teil**	**Parasympathisch jüngster Teil**
Dorsaler Vagus		Ventraler Vagus
Lebensgefahr	Gefahr	Sicherheit und Verbundenheit
Immobilisierung Totstellreflex Von Gefühlen abgespalten, kraftlos Sich isoliert, wie gelähmt und erstarrt oder betäubt fühlen	**Mobilisierung** Aktivierung – Stress Kampf – Flucht	**Social Engagement System** Sicher und verbunden Entspannt, gelassen Kann sich selbst beruhigen

ÜBUNG ZUM AUTONOMEN NERVENSYSTEM

Stell dir zu den drei unterschiedlichen Sicherheitssystemen des autonomen Nervensystems jeweils folgende Fragen, und lass die intuitiv aufkommenden Antworten auf dich wirken. Du kannst sie auch wieder in dein Notizbuch eintragen.

1. Übung zum ventralen Vagus
   - In welchen Situationen fühlst du dich sehr wohl und wertgeschätzt?
   - Wie nimmst du dabei deinen Atem wahr?
   - Was spürst du dabei im Körper?
   - Wie verhältst du dich dann im Umgang mit anderen?
   - Bei welchen Menschen fühlst du dich sicher und gut aufgehoben?
   - Wie geht es dir, wenn du an sie denkst?
2. Übung zum sympathischen Nervensystem
   - In welchen konkreten Situationen gerätst du in Stress?
   - Wie verändert sich dabei dein Denken?
   - Wie atmest du?
   - Was spürst du dabei in deinem Körper?
   - Wie fühlst du dich dabei?
   - Was ändert sich im Umgang mit anderen Menschen, wenn du »im Stress bist«?
   - Was machst du konkret, um dich wieder sicher und in deiner Kraft zu fühlen?
3. Übung zum dorsalen Vagus
   - In welchen Situationen fühlst du dich wie gelähmt, nicht dazugehörig oder eingeengt?
   - Was denkst du dabei?
   - Wie verändert sich dein Atem?

- Wie fühlst du dich?
- Wie nimmst du dabei deinen Körper wahr?
- Wie reagierst du, und wie verhältst du dich dann im Umgang mit anderen Menschen?
- Was kannst du tun, um dich zu beruhigen und wohlzufühlen, sodass dein ventraler Vagus wieder zum Zug kommt?

Wir haben drei biologische Sicherheitssysteme, die in uns angelegt sind. Unser autonomes Nervensystem scannt jede Situation, ob sie sicher, unsicher oder lebensgefährlich ist. Wir brauchen das Gefühl von Sicherheit, Verbundenheit und Zuversicht, die mit dem ventralen Vagus gekoppelt sind, damit wir uns wohlfühlen, konstruktiv mit anderen kommunizieren und uns auf Neues einlassen können.

Doch auch Stress gehört zum Leben, schließlich aktiviert er uns, macht uns bereit zum Handeln, Kämpfen oder Fliehen, um unser Leben zu schützen. Wichtig ist nur, dass es kein Dauerstress wird, denn sonst bekommen wir gesundheitliche Probleme, da die Regenerationsprozesse des parasympathischen Systems fehlen. Und manchmal erstarren wir, fühlen uns abgelehnt und nicht zugehörig. Auch das gehört dazu. Hier ist das älteste Sicherheitssystem mit dem dorsalen Vagus am Werk und will unser Überleben sichern.

Wenn wir uns selbst beobachten, bewusst unsere drei unterschiedlichen Systeme wahrnehmen und zunehmend besser kennen, so bemerken wir im Lauf der Zeit immer früher die Vorwarnsignale, die zu Stress führen könnten. Wir lernen, uns selbst noch besser zu regulieren, innerlich zu stabilisieren, uns bewusst in den Zustand der Sicherheit zu versetzen, indem wir uns beispielsweise bewusst mit unseren Freunden treffen und mit ihnen über alle Belange reden, indem wir uns mit der Natur verbinden oder meditieren. Wir haben auch die Möglichkeit, uns durch bewusstes Atmen oder »Mikropausen« selbst zu beruhigen. So kommen wir zurück in einen guten, sicheren Zustand und können uns danach wieder engagiert und konstruktiv einbringen.

Vergangene Erfahrungen haben unser autonomes Nervensystem geformt, doch jedes Mal, wenn du dich selbst wieder in oder nach einer belastenden Situation beruhigst und stabilisierst, lernt dein System dazu und ist durch diese neuen Erfahrungen in der Lage, weiter dazuzulernen und flexibler zu reagieren, sodass du mit den unterschiedlichsten Situationen immer souveräner umgehen kannst.

Im nächsten Interview mit dem erfolgreichen Rennrodler Sascha Benecken erfährst du, welche Rolle für ihn Sicherheit, der Umgang mit Fehlern und Akzeptanz spielen.

Interview mit Sascha Benecken

Sascha Benecken ist siebenfacher Weltmeister und fünfmaliger Gewinner des Gesamtweltcups im Rennrodeln/Doppelsitzer der Herren, zusammen mit Toni Eggert.

Gabi Pörner: Sag mir bitte etwas über dich.

Sascha Benecken: Ich bin verheiratet, Vater zweier Kinder und neige nicht selten dazu, mich selbst zu überraschen – sowohl mit guten Dingen als auch mit Schusseligkeit. Ich spiele gern Gitarre, bin ausgebildeter Polizeibeamter und war mit meinem Partner, Toni Eggert, in der Vergangenheit im Rennrodeln sehr erfolgreich.

Gabi: Woran denkst du beim Wort »Sicherheit«?

Sascha: An ein Gefühl des Beschützt- und Geborgenseins.

Gabi: Was bedeutet für dich »Sicherheit«?

Sascha: Sicherheit bedeutet für mich, im Auftreten das Selbstvertrauen in die eigenen Fähigkeiten zu besitzen. Keine Angst vor Fehltritten zu haben, weil ich mir Fehler zu machen einräume, und immer das Gefühl zu behalten, geliebt zu werden, und zwar bedingungslos, einfach der Liebenswürdigkeit der eigenen Person halber.

Gabi: Woran genau merkst du, dass du sicher bist?

Sascha: Wenn mich Entgleisungen anderer nicht dazu bringen, meine eigene Schwingung zu verlieren. Wenn ich es schaffe, die Wahrnehmung und Sortierung der jeweiligen Situation, obwohl ich gerade mittendrin bin, mit Abstand zum eigenen Ich zu betrachten, nehme ich Dinge nicht persönlich und kann bei mir bleiben. Dann bin ich augenblicklich stark und fühle mich sicher. Oft kann ich folglich das große Ganze sehen und mit Ruhe und Besonnenheit auf die einzelne Situation reagieren.

Gabi: Woran erkennst du beim anderen, dass du sicher bist?

Sascha: Möglicherweise sogar im Meiden einer direkten Konfrontation. Wir Menschen neigen dazu, den Weg des geringsten Widerstands zu gehen und den Schwächsten als Opfer zu wählen. Die Konfrontation eines in sich ruhenden Sicheren wird immer eine starke fundamentale Antwort zur Folge haben, welche der »Angreifer« abzubekommen zu vermeiden versucht.

Gabi: Wodurch wird deine Sicherheit im Umgang mit anderen gefährdet, und wie geht es dir dann?

Sascha: Durch Stress und wenn ich überlastet bin. Dadurch werde ich dünnhäutig und verliere nicht selten sehr leicht die eigene Schwingung und reagiere im selben Maße wie das Gegenüber.

Gabi: Wodurch gewinnst du Sicherheit? Und – wie vertiefst du deine Sicherheit?

Sascha: Ich versuche, bei mir zu bleiben. Reaktionen erst mal auf mich wirken zu lassen und nicht gleich »zurückzuschießen«. Nach einem kurzen Augenblick und der mir selbst gestellten Frage: Was muss wohl beim anderen los sein, dass der mich so angeht? Durch diese kleine Pause und die damit verbundene Unterbrechung erlange ich augenblicklich Sicherheit und wieder Zugang zum Urvertrauen in meine eigenen Fähigkeiten und meine Wahrnehmung. Ich handle so nicht im Affekt, sondern bewusst.

Gabi: In welchen Situationen genau warst du früher unsicher?

Sascha: Bei großen Käufen und in Prüfungssituationen.

Gabi: Woran hast du das gemerkt (mental, emotional, körperlich, im Verhalten)?

Sascha: Ich habe zur Absicherung immer andere gefragt, hatte einen flauen Magen, kaltschweißige Füße, es war mir übel – und manchmal sogar so stark, dass ich Kreislaufprobleme bekam.

Gabi: Wodurch hast du deine Unsicherheit damals überwunden?

Sascha: Durch das Annehmen der Situation und das Akzeptieren der Symptome. Gerade durch Letzteres sind die körperlichen Erscheinungen deutlich zurückgegangen.

Gabi: Wie geht es dir vor einem Wettkampf? Wie behältst du da deine Sicherheit?

Sascha: Mittlerweile ist aus Unsicherheit eher eine Wettkampfanspannung geworden. Diese gehört zur gesamten Vorbereitung dazu. Die Akzeptanz ebendieser führt dazu, dass ich mich auf die zu erledigenden Dinge konzentriere, mehr als auf die Unterdrückung der Symptome.

Gabi: In deinem Sport als Doppelsitzer im Rodeln bist du der Hintermann und siehst ja die ganze Zeit nichts. Wie behältst du während eines Wettkampfs deine Sicherheit?

Sascha: Das Rodeln habe ich von Kindesbeinen an gelernt. Die regelmäßig wiederkehrenden Wettkampfsituationen helfen einem, im Ablauf eine gewisse flexible Routine für sich zu entwickeln. Ich bin hauptsächlich auf mich und meine Aufgaben konzentriert und weiß, dass ich mich auf meinen Partner verlassen kann. Schon selbstbewusstes Auftreten, z.B. beim Warmmachen, gibt Vertrauen in die eigenen Fähigkeiten. Zwischen dem ersten und zweiten Rennlauf gibt es dann, unabhängig davon, ob wir »Jäger« oder »Gejagte« sind, nur eine Sache, auf die wir unseren Fokus legen: uns. Und wobei wir uns im zweiten Durchgang noch verbessern können.

Gabi: Wie geht ihr damit um, wenn ihr bei einem Rennen einen Fehler gemacht habt?

Sascha: Je nachdem, wie schusselig oder bewusst die als Risiko eingegangene Option als Missgeschick zu betrachten ist und wie schwerwiegend oder folgenschwer das Ergebnis für uns ist. Im Grunde ist es aber immer der gleiche Ablauf: 1. Abreagieren der Emotion, 2. objektives Analysieren des Geschehenen und 3. die konstruktive Auseinandersetzung mit dem Fehler, um ihn künftig zu vermeiden oder das Risiko der Wiederholung zu reduzieren.

Gabi: Was würde passieren, wenn du und dein Partner nicht gut zusammenarbeiten würdet?

Sascha: Dann würden wir uns nicht entwickeln, und der Erfolg würde sehr wahrscheinlich postwendend abreißen.

Gabi: Wie vermittelst du anderen Sicherheit, wenn sie gerade an sich zweifeln und unsicher sind?

Sascha: Ich frage nach den tatsächlichen Konsequenzen. Oft wird dann klar, dass das Leben unabhängig vom Ausgang der Entscheidung weitergeht und sich die Erde auch danach noch dreht. Wir nehmen Erlebnisse, Probleme und vor allem uns selbst oft einfach zu ernst. Nur deshalb entsteht erst dieser Druck, die Anspannung und Unsicherheit. Es ist die pure Angst zu versagen. Dabei ist das Scheitern ja nur eine mögliche Option von vielen, die am Anfang nicht mehr oder weniger wahrscheinlich ist, als dass man die Situation beispiellos meistert. Dann stelle ich anderen, aber auch immer wieder mir selbst abschließend die Frage: Beide Ausgänge sind real, worauf konzentrierst du dich / konzentriere ich mich jetzt?

Gabi: Gibt es Situationen, in denen du heute unsicher bist? Wenn ja, welche?

Sascha: Es passiert immer wieder in unerwarteten oder anhaltenden Stresssituationen, dass mein Pendel aus der Mitte gerät. Plötzlich oder peu à peu. Ich reagiere dann nicht selten für das Gegenüber impulsiv und hart. Im Nachhinein denke ich des Öfteren, diese Situation hätte ich mit fünf Sekunden mehr eingeräumter Zeit empathischer, souveräner lösen können. Na ja, aber es ist natürlich immer ein Prozess. Ein kleines Beispiel mit zwei Reaktionen dazu: Es wird einem die Vorfahrt genommen. Erste Reaktion zumeist: »Dieser Arsch nimmt *mir* einfach die Vorfahrt! Wie kann der nur?« Alternativ: »Hu, der hat mich übersehen, nur gut, dass ich eine Bremse habe.« Wenn man sich persönlich rausnimmt, wird's viel leichter.

Gabi: Danke dir für das angenehme und offene Gespräch und weiterhin viel Freude und Erfolg!

Im nächsten Kapitel geht es nun vertiefend um Verbundenheit und darum, wie wichtig Verbundenheit für uns alle ist.

Verbundenheit – Der beste Schutz vor Verletzungen

Die Verbindung zu Menschen
beschwingt dein Herz,
beflügelt deinen Verstand
und verleiht deinem Handeln Kraft.
G. P.

Vor vielen Jahren lebte ich für vier Monate in einer Großkommune auf einer Ranch in Oregon, USA, mit über zweitausend Menschen. Ich arbeitete mit anderen zusammen zeitweise auf der Gemüse- und der Hühnerfarm, in der »Salaterie« oder baute Zäune, je nachdem, wofür ich eingeteilt wurde. Dazu gab es täglich Meditationen. Alle miteinander – zumindest meiner Wahrnehmung nach – waren motiviert, ihr Bestes zu geben, verband uns doch die gemeinsame Vision: bewusster zu werden und unseren Beitrag für die Gemeinschaft zu leisten. Für mich war diese Zeit eine sehr bereichernde Erfahrung. Ich erlebte viele innovative Ideen, die tatkräftig umgesetzt wurden. Obwohl wir viel arbeiteten, lachten wir viel und sprachen offen über unsere Gefühle und Gedanken. Ich fühlte mich verbunden und sicher, war dankbar für ehrliches Feedback, hatte die Chance, dazuzulernen und verschiedene mentale und emotionale Hürden zu meistern.

In dieser Großkommune hatte ich eindrucksvoll erlebt, welch immense Bedeutung »Sicherheit und Verbundenheit« für eine Gemeinschaft haben, aber auch, wie wichtig die gemeinsame Vision und der persönliche Sinn waren, um mich motiviert und engagiert einzusetzen.

Gegenwärtig befinden wir uns inmitten einer grundlegenden und interessanten Zeitwende. Jahrzehntelang lebten wir in einer Gesellschaft, die von Leistungsdenken, Konkurrenz und Konsum, von Individualismus und Egoismus geprägt war. Doch nun wird vielen Menschen bewusst, dass wir mit unserem Wachstumsdenken die natürlichen und endlichen Ressourcen der Erde ausbeuten. Es entsteht eine neue Dringlichkeit, die uns global zum Umdenken und Handeln auffordert. Zunehmend wird deutlich: Wir *alle* – ohne Ausnahme – sitzen im selben Boot, brauchen die Natur zum Überleben und sind selbst Teil der Natur. Wir sind alle miteinander verbunden, was spätestens seit der Corona-Pandemie der Großteil der Menschheit verstanden haben sollte. Viele Menschen spüren eine neue Zusammengehörigkeit, in der sich engagierte Gemeinschaften formieren, deren Anliegen nicht primär monetär ist, sondern ökologisch, nachhaltig, ressourcenschonend und sozial. In der Wirtschaft werden immer mehr neue Konzepte gelebt, weg von Hierarchie und Macht, hin zu gleichberechtigter, agiler, selbstorganisierter Teamarbeit, die nur durch gemeinsame Verbundenheit und ein »Wir-Gefühl« erfolgreich umgesetzt werden kann.

Was ist nun unter Verbundenheit zu verstehen?

Wir schon angesprochen wurde, sehnen wir Menschen uns nach wechselseitiger Verbundenheit (*Connectivity*) und wirklichem Kontakt zu anderen Menschen. Wir sind nun mal soziale Wesen und schon im Mutterleib auf Verbindung angelegt. Daher ist Verbundenheit für uns alle ein essenzielles, urmenschliches Bedürfnis. Wir wollen uns zugehörig fühlen, wollen als Mensch gesehen, angenommen und wertgeschätzt werden. Wir wollen uns zeigen und mit unserer Eigenart einbringen. Dieses Verbundenheitsgefühl schenkt uns Vertrauen ins Leben und öffnet unsere Herzen.

Wenn wir keine Verbundenheit erleben, fühlen wir uns getrennt, einsam und verlassen. Wahrscheinlich hat jeder schon einmal Situationen erlebt, in denen er zurückgewiesen wurde und sich verlassen fühlte – sei es durch ein harsches Wort, durch Kritik, durch eine Trennung, durch das Gefühl, nicht verstanden zu werden, oder durch Nichtbeachtung –, und weiß, wie schmerzhaft dies ist und zu welchen Selbstzweifeln und Minderwertigkeitsgefühlen das führen kann. Wie gravierend die Auswirkungen sein können, zeigt folgendes Beispiel.

Fallbeispiel: Das gebrochene Versprechen

Jakob, ein 34-jähriger Ingenieur, hatte bei jedem seiner bisherigen Chefs die Befürchtung, dass er eines Tages fallengelassen würde. Daher gab er sich unendlich viel Mühe, den Anforderungen der jeweiligen Vorgesetzten gerecht zu werden oder sie zu toppen. Obwohl sein aktueller Chef mehr als zufrieden mit ihm war, bezweifelte Jakob dessen Ehrlichkeit, war ständig im Stress und glaubte, nicht gut genug zu sein.

Wie sich im weiteren Verlauf unseres Gesprächs herausstellte, hatte dies mit einem gebrochenen Versprechen in seiner Kindheit zu tun. Jakob war damals sieben Jahre alt und lebte bei seiner Mutter. Es war Samstag, und sein Vater hatte versprochen, mit ihm übers Wochenende zu einem Autorennen zu fahren. Jakob saß auf seinem kleinen gepackten Koffer im Flur und wartete auf den Vater. Doch der kam nicht. Stattdessen kam nach einer langen Zeit ein Anruf. Sein Vater war schon auf der Autobahn und hatte seinen Sohn schlichtweg vergessen. Dies war für ihn ein traumatisierendes Ereignis.

Jakob saß noch lange regungslos auf seinem Koffer, bis ihn seine Mutter in die Arme nahm und ihn aus seiner ersten Schockstarre erlöste. Seither glaubte Jakob, er sei nicht wichtig genug, und misstraute den Versprechungen seines Vaters. Diese Überzeugung, dass er sich auf die Worte seines Vaters nicht verlassen konnte, übertrug er unbewusst auf jede männliche Autorität.

Durch das Coaching konnte sich die lange im Nervensystem festgehaltene Spannung und sein Schmerz lösen. Er bekam Zugang zu seiner Wut, seiner Kraft und wurde sicherer. Jakob konnte wahrnehmen, dass er eigene Bedürfnisse und auch das Recht hatte, auf sich zu hören und Nein zu sagen, wenn ihm etwas zu viel wurde. Schließlich lernte er, seinen Selbstwert von seiner Leistung zu entkoppeln und sich selbst mitfühlend anzunehmen.

An diesem Beispiel kannst du sehen, wie die Erfahrung mangelnder Verbundenheit in der Vergangenheit gegenwärtige Situationen beeinflussen und die eigene Entwicklung beeinträchtigen kann.

Was gewinnen wir durch Verbundenheit?

Wenn wir uns verbunden fühlen, geht es uns in aller Regel gut. Normalerweise spüren wir dann die Zuneigung, die uns entgegengebracht wird, sind motiviert, haben viel Energie, sind belastbar, widerstands- (resilient) und leistungsfähig. Wir können zu uns stehen und werden mit unseren Talenten, Stärken und Schwächen wertgeschätzt und unterstützt. Zudem können wir unser Herz öffnen, vertrauen unserer Intuition, bringen unsere

Ideen und Anliegen ein, sind neugierig auf Neues und erfüllt von dem, was wir tun. Mutig und aktiv probieren wir Neues aus und können über unsere Gefühle, Fehler und Misserfolge sprechen, ohne Angst haben zu müssen, dass wir ausgelacht oder fallengelassen werden, und erhalten ehrliches Feedback. Wir erfahren, dass wir wertvoll sind, so wie wir sind, fühlen uns sicher, beschützt und verbunden und können uns in diesem Rahmen frei bewegen und unser Potenzial entfalten.

Wie sehr wir miteinander verbunden sind, zeigt schon folgende Tatsache: Kommt jemand verärgert zur Tür herein, so können wir dies an Gesicht, Haltung, Ausstrahlung ablesen und werden selbst leicht angespannt. Betritt jemand freundlich und offen den Raum, so ändert sich augenblicklich die Stimmung der anderen. Oder wenn wir zusehen, wie sich jemand in den Finger schneidet, so verziehen wir unser Gesicht. Das heißt, wir nehmen den Zustand eines anderen wahr und empfinden diesen simultan. Dabei sind unsere sogenannten Spiegelneuronen, spezielle Nervenzellen im Gehirn, aktiv. Sie bilden die Grundlage von Mitgefühl und Kommunikation.

In den Trainings zur Persönlichkeitsentwicklung und dem konstruktiven Umgang mit Veränderung, die meine Kollegin Carola Frank und ich für Unternehmen durchführen, geht es immer auch um das »Wir-Prinzip«. Zusammenarbeit macht einfach mehr Spaß und ist produktiver, wenn sich alle gegenseitig in einem Team mit ihren ganz persönlichen Eigenarten wertschätzen und an einem Strang ziehen. Um gemeinsam Ziele zu erreichen, ist gute Zusammenarbeit wichtiger als individueller Egoismus. Und wenn jemand tatsächlich egoistisch agiert, so gilt es, dieses anzuerkennen als dessen gegenwärtig beste Möglichkeit zu handeln, und ihm konstruktiv Feedback zu geben, sodass derjenige, wenn er will, etwas lernen und sich besser ins Team integrieren kann.

Eine Führungskraft sagte vor ein paar Tagen zu mir: »Jeder Mensch ist ein Wunder. Ich fühle mich mit dem jeweiligen Mitarbeiter verbunden, mit dem ich gerade spreche. Ich sehe seine Größe, entdecke seine Stärken, seine Unsicherheiten und ermutige ihn, sich zu entfalten. Letztlich haben wir die gleichen Bedürfnisse – wir wollen als Mensch wahrgenommen und behandelt werden, auch ich.« Das fand ich sehr berührend und eine wundervolle Sichtweise, die auch in jedem anderen Kontext sinnvoll ist, da sie die Würde und die Einzigartigkeit eines jeden Menschen verdeutlicht.

Möglichkeiten der Verbundenheit

Grundsätzlich haben wir verschiedene Möglichkeiten, uns mit anderen oder etwas anderem verbunden zu fühlen:

1. *Die Verbindung zu anderen Menschen*
   Wie schon gesagt, Menschen suchen Möglichkeiten, sich verbunden zu fühlen – mit dem Partner, der Familie, der Verwandtschaft, in der Schulklasse, mit Freunden, mit Kolleg*innen bei der Arbeit, mit anderen in Vereinen oder in einer Partei mit den damit verbundenen Traditionen, in der Kirche oder in Sekten. Viele fühlen sich einer WhatsApp-Gruppe, in Facebook oder auf Instagram global verbunden, auch wenn sie längst nicht alle Freunde persönlich kennen. Manche tragen eine ganz bestimmte Kleidung und verwenden einen bestimmten Wortschatz, um ihre Zugehörigkeit zur jeweiligen Peergroup zu demonstrieren.
   Wir fühlen uns verbunden, wenn wir miteinander Zeit verbringen, lachen, feiern, spielen, gemeinsam Herausforde-

rungen meistern und füreinander einstehen. Jeder weiß, wie beglückend und nachwirkend intensive Gespräche oder Berührungen von geliebten Menschen sein können. Gleichzeitig ist aber auch die Verbundenheit zu uns selbst notwendig, damit wir tatsächlich selbstbestimmt und vertrauensvoll denken und handeln können. Wenn jemand nur die Verbundenheit zu einer bestimmten Gruppe spürt, sich selbst aber außen vor lässt, gerät er in Gefahr, abhängig von dieser Gruppe zu werden. Er übernimmt dann deren Normen und Werte unhinterfragt und kann leicht manipuliert werden. Je mehr sich derjenige nun mit der Gruppe identifiziert, desto stärker wird sein Zugehörigkeitsgefühl zu dieser Gruppe. Dies kann dann im Extremfall zu der Einstellung »›Wir, die Guten‹ gegen ›die anderen, die Schlechten‹« und einem Schwarz-Weiß-Denken mit allen möglichen Vorurteilen führen, die rationalen Argumenten nur mehr schwer zugänglich sind.

Doch in Zeiten, in denen Social Distancing eine Rolle spielt, ist es mehr als hilfreich, bewusst die anderen Möglichkeiten der Verbindung zu vertiefen.

2. *Die Verbindung zu Tieren*

Viele Menschen haben eine innige Verbindung zu ihren Tieren. Eine Freundin von mir nennt ihren großen, kräftigen Bernhardiner liebevoll »Mäuschen« … Er ist während des ganzen Tages ihr Ansprechpartner und Begleiter. Sie erzählt ihm, was sie macht und wie es ihr geht. Während »Mäuschen« sie mit großen Augen anschaut, hat sie das Gefühl, dass er alles versteht. Sie spielt mit ihm, kuschelt und lehnt sich beim Lesen an ihn und ist glücklich, dass er bei ihr ist. Und wenn sie beruflich außerhalb zu tun hat und wiederkommt, so wird sie von »Mäuschen« überschwänglich begrüßt. Für sie und die ganze Familie ist »Mäuschen« ein Familienmitglied.

Inzwischen werden Tiere, besonders Katzen, Hunde oder kleine Nagetiere, bei Kindern und Jugendlichen, aber auch in Altenheimen bei dementen Patienten als therapeutische Maßnahme eingesetzt. Die Patienten lieben es, mit den Tieren in direktem Kontakt zu sein, spüren deren Wärme, das weiche Fell, den Herzschlag. Gesicherten Untersuchungsergebnissen zufolge finden die Patienten bei den Tieren Trost und haben das Gefühl, verstanden zu werden. Sie zeigen mehr Gefühle, freuen sich mehr und lächeln öfter, werden selbstsicherer, aktiver und gelassener. Sie werden lebhafter, haben mehr Kontakte zu anderen und sind insgesamt gesünder.[14]

Es ist doch wundervoll, dass die Verbindung zu Tieren zu solch wohltuenden Effekten führt!

3. *Die Verbindung zu etwas Größerem*

Wenn ich Menschen frage, ob sie eine Verbindung zu etwas Größerem hätten, dann antworten sie oft: »Ja, das hab ich«, und lächeln dabei. Hake ich dann nach, was sie genau damit meinen, sagen sie:

- »Ich spüre eine tiefe Verbundenheit zu einem unbenennbaren höheren Wesen, zu etwas Göttlichem.«
- »Für mich ist die Liebe das, was alle Menschen verbindet.«
- »Ich habe eine Verbindung zu Gott.«
- »Ich bin Teil der Natur.«

»Durch die Liebe zu Gott bekomme ich Sicherheit und Halt in meinem Leben«, sagte eine Bekannte von mir. »Er beschützt mich auf meinem Weg und hilft mir durch tiefe Täler zum Licht.«

Ich lag als Kind monatelang mit Osteomyelitis in einem Krankenhaus der katholischen Kirche. Jeden Morgen versammelten sich die Schwestern in der Kapelle, die in unmittelbarer Nähe des Kinderzimmers lag. Sie sangen mehrstimmig wunderschöne Lieder, durch die ich mich geborgen und getragen fühlte. Oder ich lauschte beglückt dem gleichförmigen Gemurmel ihrer langen Gebete. Diese eine morgendliche Stunde war für mich die wichtigste des ganzen Tages. Dies half mir über Schmerzen aller Art hinweg, schenkte mir Sicherheit, stärkte mein Vertrauen und meine Zuversicht ins Leben, die stundenlang anhielt. Damals hatte ich kein Wort für diesen Zustand, heute würde ich ihn »Meditation« nennen.

Auch gemeinsame Rituale bieten grundlegende Möglichkeiten, sich als Teil eines größeren Ganzen zu erfahren und das gewöhnliche Alltagsbewusstsein hinter sich zu lassen. Nicht umsonst erfreuen sich heutzutage immer mehr Menschen an Meditationskursen, Yoga, Tai-Chi oder Qi Gong oder singen gemeinsam Mantren oder in Chören. Sie blühen im Tanz, in der Musik, im Theater oder auch in der Arbeit auf.

Rituale stärken das Zusammengehörigkeitsgefühl, vermitteln Sicherheit, Stabilität und Kontinuität durch die Wiederholung. Als ich in Indien Führungskräftetrainings zum Umgang mit Veränderung gemacht habe, war ich zu Beginn meiner Arbeit erstaunt, wie wichtig den Teilnehmern die Einbindung in das größere Ganze war. Sie blieben nach der morgendlichen Achtsamkeitsmeditation ganz selbstverständlich im Raum sitzen, um gemeinsam zu beten, zu chanten und danach gesammelt in den Tag zu starten.

Natürlich ist die Hingabe an etwas Größeres – das kann auch Kreativität sein – nährend und beglückend. Sie hilft vielen Menschen, sich in ihrem Alltag eingebettet in das größere Ganze zu erleben, und schenkt ihnen das, was »Gottvertrauen« genannt wird.

4. *Die Verbindung zur Natur*

In unserer schnelllebigen, technikdominierten Welt tut es uns gut, uns in einer natürlichen Umgebung zu erholen und zu erneuern. Viele Menschen erleben eine besonders beglückende Verbundenheit mit der Natur – wenn sie spazieren gehen, einen Sonnenuntergang betrachten oder in den nächtlichen Sternenhimmel schauen. Manche sind glücklich, wenn sie unter einem Wasserfall inmitten eines Waldes oder auf einem Berggipfel stehen und über die Landschaft schauen, in einem klaren See schwimmen, den Wellen des Meeres lauschen, »waldbaden« (»Shinrin-Yoku«) oder im Freien Sport treiben. Es gibt so viele Möglichkeiten, sich im Einklang mit der Natur zu fühlen. Fast jeder Mensch kennt mindestens *einen* Ort, zu dem er immer wieder gern zurückkehrt und sich dort sicher und gut aufgehoben fühlt. Bei einem Freund von mir ist es das Skifahren. Wann immer er von dort zurückkommt, ist er zufrieden mit sich und »dem Rest der Welt«. Nach so vielen Jahren strahlen seine Augen immer noch, wenn er davon erzählt: »Da gibt es nur den Schnee, die Geschwindigkeit, den Berg, das Licht und den Augenblick, in dem alles zusammenkommt. Sauber.« Manche würden diesen Zustand auch »Flow«[15] nennen, andere würden sagen: »Das ist Gegenwärtigkeit.« Er nennt es »sauber«, für ihn der höchstmögliche Ausdruck des Glücks.

5. *Die Verbindung mit dir selbst*

Mit dir selbst verbunden zu sein gibt dir eine innere Orientierung, Kraft und Klarheit. Du erkennst, dass Gedanken nur Gedanken sind, die kommen und gehen, und dass du mehr bist als deine Gedanken. Du kannst sie zunehmend nicht wertend beobachten. Du erkennst mehr und mehr, dass auch Gefühle kommen und gehen und dass du mehr bist als deine Gefühle. Auch sie kannst du nicht wertend beobachten. Du spürst deinen Körper, kannst die unterschiedlichsten Empfindungen wahrnehmen und weißt, dass du mehr bist als dein Körper. Weil du mit dir selbst verbunden bist, bist aus dir selbst heraus motiviert, neugierig und bereit, dich zu zeigen, auch wenn du damit Gegenwind riskierst. Du machst dich verletzlich und weißt, dass du nichts, aber auch gar nichts zu verlieren hast! Natürlich merkst du auch, dass du manchmal ganz und gar nicht bei dir bist. Na und? Allein, wenn du das bemerkst, hast du schon wieder ein Stück Abstand gewonnen, kannst bewusst langsam und tief atmen, deinen Körper spüren und bist wieder mit dir verbunden.

Verbundenheit mit dir selbst hat nichts mit Egoismus zu tun, sondern basiert auf dem unvoreingenommenen Zulassen und Akzeptieren deiner Bedürfnisse, Träume, Vorlieben, Abneigungen, Gefühle, Handlungen. Es ist angenehm, sich mit den eigenen guten Gefühlen und Kraftquellen zu verbinden. Deine Herausforderung und Lernaufgabe besteht darin, auch unangenehmen Gedanken, bisher abgelehnten Gefühlen und Verletzungen Raum zu schenken, damit sie jetzt, im Licht des Bewusstseins gesehen, gefühlt, durch Mitgefühl geheilt und ins Leben integriert werden können.

Du hast in jedem Augenblick die Chance, diese Verbundenheit zu spüren, indem du darauf achtest, wie es dir im Moment geht, was du denkst, vor allem aber was du fühlst, empfindest und tust oder wie du mit anderen Menschen umgehst.

Und es gibt Augenblicke, in denen wir uns einsam fühlen und den Kontakt zu uns verloren haben. Verbundenheit ist ein wundervolles Gegenmittel zu Einsamkeit. Du hast immer wieder die Möglichkeit, dich in der Natur zu erleben, bei Bewegung, Tanz, Meditation oder im Umgang mit anderen Menschen und Tieren. Du kannst dich mit dem größeren Ganzen in Form von Religion und Spiritualität verbinden oder deine inneren Kraftquellen – wie Erinnerungen an wohltuende Orte und Landschaften, an schöne beflügelnde oder entspannende Momente – aktivieren und dich wieder spüren.

Die Verbindung mit dir selbst macht dich selbstsicher, gelassen, mutig und hilft dir dabei, auch bei Stürmen weiter zu wachsen.

Es ist bereichernd, befriedend, entspannend, mit anderen Menschen, der Natur oder mit einem höheren Wesen verbunden zu sein. Doch mindestens genauso wichtig ist es, dass du mit dir selbst in Kontakt bist, dich spürst und die unterschiedlichsten Gedanken und Gefühle zulassen und annehmen kannst.

Wie du gesehen hast, ist Verbundenheit für uns alle essenziell. Im folgenden Kapitel erfährst du, wie du in der Kommunikation mit anderen eine vertrauensvolle Atmosphäre und Beziehung herstellen kannst, sodass du dich sicher fühlst und klar, offen und wertschätzend jedes anstehende Thema ansprechen kannst.

Sicherheit und Verbundenheit in der Kommunikation

Ob du Interesse am anderen hast oder nicht,
ob du zuhörst oder nicht,
Ob du etwas sagst oder schweigst,
du kommunizierst immer.

G. P.

Vielleicht hast du Folgendes auch schon erlebt, wenn du dich mit jemandem unterhalten hast: Schon nach kurzer Zeit hast du dich mit demjenigen sehr vertraut gefühlt und ihm Einzelheiten aus deinem Privatleben offenbart, die du normalerweise höchstens sehr guten Freunden anvertraut hast.

Wenn das so ist, dann warst du mit diesem Gesprächspartner auf der gleichen Wellenlänge und hast dich mit ihm verbunden gefühlt.

Und vielleicht kennst du auch das: Du sitzt in einem Café und beobachtest Menschen. Du weißt schnell, ob zwei Gesprächspartner einander mögen, auch wenn du keine Ahnung hast, worüber sie reden. Du erkennst es daran, dass sie sich nahezu zeitgleich vorbeugen, sie passen ihre Bewegungsgeschwindigkeit einander an, streichen sich im gleichen Augenblick durch die Haare, lächeln einander an. Es ist wie ein gemeinsamer, lebendiger Tanz.

Du kannst diesen Gleichklang auch bei der Zugehörigkeit zu bestimmten Gruppen wahrnehmen – FC-Bayern-Fans tragen den gleichen Schal und unterscheiden sich maßgeblich von den

BVB-Fans. Businessleute oder Sportler tragen oft ähnliche Kleidung und sprechen eine ähnliche Sprache.

Diese Ähnlichkeit und gegenseitige Angleichung nennt man »Rapport« und signalisiert unseren Gesprächspartnern: »Ich bin ähnlich wie du.« Das vermittelt anderen Menschen Sicherheit, aber auch Verbundenheit und bildet das Fundament gegenseitigen Vertrauens. Das Wort »Rapport« stammt aus dem Französischen und bedeutet unter anderem »Beziehung, Zusammenhang«: Wir beziehen uns also auf andere Menschen.

Meist geschieht der Rapport unbewusst. Wir achten nicht darauf, sondern fokussieren uns auf den Inhalt. Das Interessante ist, dass wir bewusst und gezielt Rapport aufbauen und so dem Gesprächspartner Sicherheit und Verbundenheit vermitteln können. Das erleichtert bei neuen Bekanntschaften und Geschäftspartnern die Kontaktaufnahme und hilft besonders in herausfordernden, kritischen Situationen. Wir zeigen dem anderen, wie wichtig uns eine gute, wertschätzende, stabile Beziehung zu ihm ist, und können unsere eigene Wahrnehmungs- und Beziehungsfähigkeit weiter ausbauen.

Guter Rapport ist die Brücke zu anderen Menschen, die Basis wertschätzender Kommunikation und gelungener Zusammenarbeit.

Damit wir uns wohlfühlen, konstruktiv mit anderen kommunizieren, gemeinsame Ideen und Ziele entwickeln können, brauchen wir Sicherheit und Verbundenheit im Gespräch. Wir brauchen eine Verbindung, die ehrlich und offen ist, eine Verbindung, die unseren Verstand aktiviert und unser Herz berührt. Das wird seit der Corona-Pandemie immer mehr Menschen bewusst.

Wenn du bewusst eine gute Verbindung zu anderen Menschen aufbauen und erhalten möchtest, dann ist es sinnvoll, ein paar Punkte dabei zu beachten.

Signale der Sicherheit

Unser autonomes Nervensystem scannt ständig das Umfeld und erkennt, ob wir uns bei jemandem sicher fühlen können. Es beobachtet Folgendes:

1. Das Gesicht und die Mimik:
   - Wie lebendig wirkt das Gesicht?
   - Sind die Augen weich und offen?
   - Sind Wangen und Lippen entspannt?
   - Lächelt der andere?
2. Die Körperhaltung und Körperbewegungen:
   - Wirken die Kopf- und Körperhaltung zugewandt und interessiert?
   - Wie locker wirkt der andere?
   - Wie angenehm ist der Händedruck?
   - Wirkt er ruhig und gelassen?
   - Wie weich und anmutig sind seine Körperbewegungen?
   - Unterstreichen sie den Inhalt dessen, was er sagt?
   - Ist die Körpersprache öffnend und einladend?
3. Die Atmung:
   - Atmet der andere gleichmäßig, ruhig und tief?
   - Legt er immer wieder kleine Pausen ein, und gibt er sich Zeit?
4. Die Sprechweise und Sprache:
   - Ist die Gesprächsatmosphäre angenehm, wohlwollend und freundlich?
   - Ist der Klang der Stimme weich und warm, mitfühlend und eher tief?
   - Ist die Sprechweise melodiös und gelassen?
   - Hört der andere zu?
   - Ist die Sprache des Gesprächspartners ähnlich wie die eigene?

- Wird auf Verbindendes Wert gelegt?
- Fragt der andere nach, wenn er etwas nicht verstanden hat?
- Werden vornehmlich konstruktive Worte benutzt?
- Können unterschiedliche Sichtweisen, Probleme und Konflikte wertschätzend besprochen und gemeinsam gelöst werden?

Unser System signalisiert »Alarm – Gefahr im Verzug«, wenn die gegenteiligen Signale zu vernehmen sind. Und so, wie unser autonomes Nervensystem auf andere Menschen reagiert, so reagiert deren System auf das unsrige! Wie sich eine Gesprächssituation entwickelt, hängt also wesentlich von unserer eigenen Einstellung zum Gespräch, von unserer eigenen Aufmerksamkeit und Achtsamkeit dem Gesprächspartner gegenüber ab.

Für eine gute Verbindung im Gespräch sorgen

Es lohnt sich, wenn du dir im Vorfeld eines Gesprächs bewusst ein paar Fragen stellst:

- Wie ist deine Einstellung zum Gesprächspartner?
- Was willst du durch deine Kommunikation bewirken?
- Was sagst du, und welche Fragen stellst du?
- Wie kann deine Körpersprache das Gesagte unterstreichen?
- Und in der Kommunikation selbst: Kommt das beim anderen auch so an, wie du es beabsichtigt hast?

Die meisten Menschen sind zu Beginn eines Gesprächs mit einem neuen Gesprächspartner vorsichtig, aber auch neugierig und wollen wissen, mit wem sie es zu tun haben. Du kannst ihm helfen, den Einstieg zu erleichtern, indem du eine angenehme

Atmosphäre herstellst, die es ihm erleichtert, Vertrauen zu gewinnen und Verbundenheit zu erfahren:

- Stell dich auf den anderen ein, indem du selbst präsent bist und ihm deine volle Aufmerksamkeit widmest. Was so selbstverständlich erscheint, ist es nicht. Leg für diese Zeit dein Handy beiseite, und zeig deinem Partner, dass du dich für ihn interessierst. So kommt der Gesprächsfluss schon fast von selbst zustande.
- Durch deine zugewandte, offene Körperhaltung erkennt er, dass du aufmerksam zuhörst. Gleiche deine Körperhaltung der deines Partners an. Als besonders verbindend wird die Angleichung an den Atem des Partners empfunden. Achte auf deine Mimik, dass sie im Einklang mit dem Gesagten steht, und darauf, dass deine Gestik öffnend ist und das Gesprochene unterstreicht. Gleiche dich in Sprechtempo, Lautstärke, Rhythmus der Sprache des Gesprächspartners an.
  In aller Regel machst du vieles unbewusst gut, doch wenn du bewusst Rapport herstellst und deinen Partner spiegelst, dann gleiche deine Bewegungen etwas verzögert an, denn sonst könnte sich dein Gesprächspartner womöglich verulkt fühlen, wenn du ihn simultan spiegelst! Es genügt zudem, wenn deine Bewegungen *ähnlich* sind wie die deines Partners!
- Stell zu Beginn offene W-Fragen, Fragen nach dem Wer, Was, Wie, Warum, Wozu. So entdeckst du gemeinsame Anknüpfungspunkte. Durch Feinsignale wie »Aha«, »Ja«, »Klingt spannend« zeigst du ihm, dass du zuhörst, und ermutigst ihn, sich noch mehr auf das Gespräch einzulassen.
- Vielleicht bemerkst du sogenannte Schlüsselwörter, das sind Wörter, die für den Redenden besonders wichtig sind. Wenn er zum Beispiel mehrmals vom Urlaub spricht, dann greif das Wort »Urlaub« auf, damit er spürt, dass du zuhörst. Auf diese Weise regst du ihn an, weiter über sein Thema zu berichten.

- Unklarheiten können rasch beseitigt werden, wenn du nachfragst, zum Beispiel: »Ich habe das noch nicht ganz verstanden, können Sie mir das bitte noch einmal verdeutlichen?«
- Gib dir Zeit, und bau kleine Pausen im Gespräch ein. Das gibt deinem Gesprächspartner die Möglichkeit, nachzudenken und das Gesprochene wirken zu lassen.
- Auch wenn du schon weißt, worum es geht, gib deinem Partner Zeit und den Raum, sich auszudrücken. Lass den anderen also ausreden. Das klingt so selbstverständlich, ist es aber nicht!
- Achte auch auf die Gefühle des Gesprächspartners, diese kannst du bewusst ansprechen: »Sie wirken gerade sehr erfreut …«

Beachte in dem Gespräch immer auch die folgenden allgemeinen Regeln:

- Sag »ich« statt »man«, wenn du von dir sprichst, sodass deutlich wird, dass du selbst hinter dem stehst, was du sagst. Das »man« klingt sehr unpersönlich und distanziert.
- Du bist dafür verantwortlich, was du sagst, und auch für das, was du nicht sagst.
- Vermeide Rechtfertigungen, Schuldzuweisungen, Vorwürfe oder andere Schutz- und Abwehrstrategien.

Du siehst, dass du aktiv eine Menge tun kannst, damit Gespräche noch besser gelingen. Welche ein oder zwei Elemente fallen dir ein, die du ab jetzt noch mehr in deine Gespräche einbauen kannst?

Lernchancen im Konflikt erkennen

Manchmal passiert es, dass du bei aller Verbundenheit mit einem Gesprächspartner in einen Konflikt gerätst. Was dann? Wie damit umgehen? Manche Menschen lassen ihren Emotionen freien Lauf, andere machen dem Partner Vorwürfe und wundern sich, wenn dieser entweder zurückschießt oder sich beleidigt in sein Schneckenhaus verkriecht oder abgeschnitten von seinen eigenen Emotionen nur noch distanziert mit einem spricht. Wieder andere trauen sich gar nicht, einen Konflikt anzusprechen. Woran liegt das?

Wenn du einen Konflikt offen ansprichst, machst du dich verletzlich, du weißt nicht, wie dein Gesprächspartner reagieren wird. Dabei stecken einige Entwicklungschancen darin, konstruktiv mit einem Konflikt umzugehen: Du wirst klarer in dem, was du möchtest, du setzt dich aktiv für deine Belange ein. Du wirst angeregt, neue Lösungen zu entwickeln und während des Gesprächs mit deiner Aufmerksamkeit einerseits Verständnis für die Sicht des anderen zu haben, andererseits auch »bei dir« zu bleiben. Es ist für dich wieder eine Chance, dein Selbstvertrauen zu stärken und dein Potenzial weiter zu entfalten. Zudem vertiefen sich nach einem gemeinsam gelösten Konflikt die gegenseitige Wertschätzung, das »Wir-Gefühl«, das Vertrauen und die Sicherheit, einen verlässlichen Gesprächspartner zu haben, der auch bei herausfordernden Themen mit im Boot bleibt und Interesse an gemeinsamen Lösungen hat.

Doch was ist überhaupt ein Konflikt? Das Wort selbst kommt vom lateinischen *conflictus* und bedeutet »Zusammenstoß«, »Kampf«, aber auch »Zwiespalt«. Dein Gesprächspartner und du, ihr habt unterschiedliche Informationen, Meinungen und Vorstellungen von einer Situation, einem Vorgehen, einem Verhalten. Meist kommt es dann zu einem Konflikt, wenn du möchtest, dass der andere das, was du sagst, genau so versteht, wie du das möchtest!

Oder das, was der andere sagt, kommt bei dir nicht an. Dann kann schnell ein Machtkampf entstehen, bei dem es darum geht, recht zu haben und recht zu behalten, wobei man dann in Kauf nimmt, den anderen ins Unrecht zu setzen und persönlich anzugreifen. Kann man machen, ist nur leider unfruchtbar und löst keinen Konflikt.

Wenn du weißt, wie du einen Konflikt konstruktiv lösen kannst, dann bist du gut gerüstet und gehst vorbereitet in das Gespräch. Du weißt, wie wichtig zu Beginn eine vertrauensvolle Atmosphäre ist, und sorgst für eine gute Beziehungsebene, indem du bewusst Rapport herstellst, denn auf der Basis einer wertschätzenden Verbindung kannst du jedes Thema, auch jeden Konflikt, offen ansprechen.

Einen Konflikt konstruktiv lösen

Mach dir vor dem Gespräch klar: »Ja, ich habe einen Konflikt mit einer anderen Person, möchte ihn konstruktiv lösen und bin bereit, für meinen Anteil am Konflikt die Verantwortung zu übernehmen.« Du bittest deinen Partner zu einem Gespräch über das Konfliktthema.

Es ist sinnvoll, die Konfliktlösung erst dann anzugehen, wenn ihr etwas Abstand zu der Situation gefunden habt, sodass ihr euch ruhig und auf Augenhöhe treffen könnt.

Ihr beide schaut auf die gleiche Situation und bewertet sie unterschiedlich. Dabei hast du aus deiner Perspektive recht, und dein Gesprächspartner, der andere Erfahrungen, Erwartungen, Ziele und Wünsche hat wie du, hat von seiner Warte aus auch recht. Also habt ihr beide von eurem je eigenen Blickwinkel aus betrachtet recht! In einem klärenden Gespräch solltet ihr deshalb Folgendes beachten:

1. *Beschreibung der Konfliktsituation*

   Beim Treffen ist es wichtig, den konkreten Konflikt und das strittige Thema offen und klar zu benennen.

   Du beschreibst konkret, nicht wertend und möglichst sachlich die konflikthafte Situation aus deiner Warte und – je nach Art des Konflikts – auch das Verhalten des Partners, mit dem du diesen Konflikt hast. Beschreib gegebenenfalls, was genau dich Nerven gekostet oder verletzt hat und wie das Verhalten des anderen auf dich wirkte, zum Beispiel: »Ich habe mich in der Situation X übergangen gefühlt. Das hat mich verletzt.«

   Dann beschreibt dein Konfliktpartner aus seiner Perspektive ausführlich, wie er die Situation, die Sachlage wahrgenommen hat. Hör ihm interessiert und nicht wertend zu. Wenn dir etwas unklar ist, dann frag nach, denn es ist notwendig, dass du nachvollziehen kannst, wie er zu seinen Schlüssen gekommen ist, und umgekehrt genauso. Um sicher zu sein, dass du deinen Gesprächspartner richtig verstanden hast, kannst du auch das, was er gesagt hat, in deinen eigenen Worten wiederholen, zum Beispiel:

   - »Am wichtigsten ist dir …«
   - »Was ich bis jetzt verstanden habe, ist …«

2. *Positive Absichten wertschätzen*

   Nach dieser Bestandsaufnahme kannst du die Perspektive und die positive Absicht des Partners anerkennen nach dem Motto: »Jetzt versteh ich dich. Aus deinem Blickwinkel sieht das tatsächlich anders aus.« Damit sprichst du die Beziehungsebene an. Dein Partner fühlt sich verstanden, und du gewinnst inneren Abstand zu der Situation und kannst sie nun umfassender betrachten. Dein Partner wiederum kann nun deine Sicht der Dinge besser verstehen.

3. *Lösungsvorschläge und smarte Ziele*
   Als Nächstes sammelt ihr nicht wertend unterschiedliche Lösungsvorschläge, was ihr ändern und wie ihr in Zukunft konkret miteinander umgehen wollt. Daraus entwickelt ihr gemeinsam ein smartes Ziel dafür, was ihr konkret ändern wollt und wie ihr bei Konfliktsituationen miteinander umgehen wollt, wenn einer von euch unabsichtlich wieder in das alte Konfliktmuster zurückfällt (siehe das Kapitel »Probleme in smarte Ziele verwandeln«). Hierfür könnt ihr ein Codewort oder ein Handzeichen vereinbaren, das sofort signalisiert, was Sache ist. Auf diese Weise werdet ihr wieder gegenwärtig und könnt einem erneuten Konflikt frühzeitig entgegenwirken.[16]
4. *Entscheiden, Commitment abgeben, durchführen*
   Danach bewertet ihr die unterschiedlichen Lösungsvorschläge und entscheidet euch für ein smartes Ziel, zu dem ihr beide bewusst Ja sagen könnt. Gebt euch gegenseitig das Commitment (das [Sich]bekennen, [Sich]verpflichten), verstanden als Bereitschaft, die Vereinbarung einzuhalten, sodass ihr euch ab jetzt daran haltet und euer smartes Ziel in die Praxis umsetzt. Falls es mit der Umsetzung nicht so klappen sollte, dann setzt euch noch einmal zu dem Thema zusammen und bessert eure Ziele nach.

Du weißt, wie du verbal und nonverbal zu Beginn eines Gesprächs eine vertrauensvolle Atmosphäre und wertschätzenden Rapport herstellen kannst. Eine offene Körperhaltung, wirkliches Interesse an dem, was der andere sagt, W-Fragen, die Verwendung von Schlüsselwörtern geben dir und dem anderen Sicherheit und signalisieren Verbundenheit. Falls Konfliktgespräche bislang eine Herausforderung waren, so erinnere dich daran, dass du genau dadurch über deine bisherige Komfortzone hinauswächst, neue Lösungswege findest und noch selbstbewusster wirst. Wende die vier Punkte für Konfliktlösung an. Sie geben dir eine klare Struktur, an der entlang du dich bewegen kannst.

Kommunikation hat viele Facetten. Im nächsten Kapitel beschäftigen wir uns mit dem Wundermittel zur Beruhigung – mit der Berührung.

Berührung – Wundermittel zur Beruhigung

Lass dich berühren
Vom wärmenden Strahl der Sonne,
vom Funkeln der Sterne am Himmel.
Lass dich berühren
Vom Wind und den Wellen des Meeres,
vom Tau des Morgens an den Blüten.
Lass dich berühren.

Chris Hunt

In unserer Gesellschaft ist es cool, möglichst selbstbewusst, eigenständig und unverwundbar zu erscheinen. Das führt häufig dazu, dass Menschen aus Selbstschutz niemandem »zu nahe« kommen und sich scheinbar nicht wirklich berühren lassen. Das war also, wenn auch aus anderen Gründen, schon in Vor-Corona-Zeiten so, doch gerade während des Lockdowns haben viele Menschen gemerkt, wie sehr ihnen die Verbindung zu anderen, aber auch tatsächliche Berührung gefehlt hat. Ist ja verständlich, haben die meisten Menschen doch schon vom ersten Tag ihres Lebens an erlebt, wie wohltuend, beruhigend und nährend Berührungen für sie waren. Wird ein Baby sanft und zärtlich angefasst, gestreichelt, behutsam gehalten oder hin- und hergewiegt, so spürt es, dass es willkommen ist, und fühlt sich beschützt, geborgen und sicher. Durch die liebevolle Zuwendung, Nähe und Einstimmung der Eltern, vornehmlich der Mutter, kann der Säugling seelisch und körperlich gedeihen, sich vertrauensvoll entwickeln und erlebt seine erste emotionale Bindung.

Auch im Erwachsenenleben bleibt das Grundbedürfnis nach Berührung erhalten und spielt in unterschiedlichen Formen eine bedeutende Rolle. Allein um andere Menschen zu begrüßen, haben sich weltweit unterschiedliche Rituale entwickelt, bei denen Menschen miteinander körperlich in Kontakt treten – im westlichen Kulturkreis gaben wir uns vor Corona traditionell die rechte Hand, die Inuit begrüßen sich, indem sie ihre Nasen aneinanderreiben, und in Neuguinea kraulen sich Männer gegenseitig an ihren Bärten.[17]

Über die Art der Berührung wird ausgedrückt, in welcher Beziehung Menschen zueinander stehen. Sie lässt uns erkennen, wer zu wem gehört und wie nah die Beziehung ist. So halten sich zum Beispiel manche Paare beim Spazierengehen als Zeichen ihrer Zuneigung an der Hand, andere kuscheln abends vor dem Einschlafen, wieder andere haben spezifische Rituale für das sexuelle Zusammensein entwickelt. Und wieder andere schlafen getrennt und vertiefen beim gemeinsamen Kochen und Essen ihre Verbindung … Jedes Paar entwickelt eigene Regeln für Berührung und Beisammensein, genauso ist es beim weiteren Familienkreis und bei Freunden. Wie wohltuend ist es, diese mit einer freudvollen Umarmung zu begrüßen und sie beim Verabschieden liebevoll zu drücken und sich für das Zusammensein zu bedanken!

Doch auch bei schwierigen und herausfordernden Situationen sind Berührungen hilfreich. »Ich bin so froh, dass ich meinen Mann hab«, erzählte mir eine Coachingkundin. »Wenn ich im Büro Stress mit einem Kollegen habe, dann rede ich mit meinem Mann. Er nimmt mich in den Arm und unterstützt mich. Danach geht es mir wieder besser.« Gut, dass sie so einen Partner hat!

Als eine langjährige Freundin von mir schwer krank auf der Intensivstation lag und kaum reden konnte, hielt ich während unseres ganzen Beisammenseins ihre Hand. Allmählich atmeten wir im gleichen Rhythmus, und sie lächelte. Wir fühlten uns miteinander verbunden – ohne Worte. Sie waren auch nicht nötig.

Ob eine mitfühlende Umarmung, ein sanftes Streicheln oder ein ermutigendes Schulterklopfen – vertraute und angenehme Berührungen tun einfach gut.

Warum Berührungen für uns so wichtig sind

Feinfühlige Berührungen und Umarmungen zu vertrauten Menschen stellen Nähe zum anderen her, schaffen auf einer körperlichen Ebene Sicherheit und Vertrauen. Spannungen, Unsicherheit, Sorgen, Aggressionen, Zweifel oder Traurigkeit nehmen ab und lösen sich auf, das Gedankenkreisen wird langsamer und hört schließlich ganz auf. Du fühlst dich lebendig, mit dem anderen verbunden und verstanden, gesehen und angenommen, so wie du bist. Du kannst abschalten vom Alltag, kannst dich fallenlassen, loslassen und wirst gelassener. Du bist zufrieden bis glücklich, bist präsent und im Flow. Die Grenzen zwischen dir und dem anderen verschwimmen. Du fühlst dich auf selbstverständliche Weise sicher, geschützt, angenommen und lebendig. Berührungen können dich trösten, schenken dir Halt und Stabilität in herausfordernden Lebenssituationen, zum Beispiel bei Niederlagen, Krankheit oder Tod eines nahestehenden Menschen. Du spürst, dass ein anderer Mensch für dich da ist. Du bist nicht mehr allein.

Das bedeutet, dass dein Nervensystem vom sympathischen System in den ventralen Vagus umschaltet, du entspannst dich, die Energie kann wieder frei fließen. Darüber hinaus stärken Berührungen dein Immunsystem, sie wirken schmerzlindernd und verringern Depression.

Sogar schon eine kurze Umarmung reicht aus, damit wir uns wohler fühlen! Und wenn jemand an Demenz leidet und Worte nichts mehr bedeuten, genau dann sind Berührungen wirksam und oft das einzige Mittel liebevoller und wertschätzender Kommunikation.

Ist es nicht interessant zu wissen, dass alle Sinne im Lauf des Lebens nachlassen und nur der Tastsinn nahezu vollständig erhalten bleibt? Als meine Mutter dement war und sie nicht mehr sprechen konnte, haben mein Bruder und ich sie oft langsam am Rücken gestreichelt oder ihre Hand einfach ruhig gehalten, darüber hat sie sich sehr gefreut und gelacht.

Leider unterschätzen wir allzu oft, was angenehme Berührungen und Umarmungen bewirken können, und dass sie nicht nur »wunder-voll«, sondern bisweilen schon therapeutisch wertvoll sind!

Also – wen könntest du heute umarmen und dich mit ihm verbunden fühlen?

Warum wir positiv auf Berührung reagieren

Hierbei spielt das Neurohormon Oxytocin eine zentrale Rolle. Es fördert nicht nur soziale Beziehungen, die Liebe zu unseren engsten Vertrauten und das Vertrauen, sondern senkt auch den Blutdruck und ist für die Regulierung des Cortisolspiegels notwendig. Zu Beginn unseres Lebens ist dieses Hormon, das auch als »Kuschelhormon« bezeichnet wird, notwendig für die frühe Mutter-Kind-Beziehung, für den Aufbau von gegenseitiger Einstimmung, Nähe, Vertrauen und führt zu liebevollem, fürsorglichem Verhalten.

Ursprünglich dachte man, dass Oxytocin, das sowohl die Wehen einleitet als auch das Stillen ermöglicht, ein reines »Frauenhormon« sei. Inzwischen hat die Wissenschaft herausgefunden, dass es auch im Erwachsenenleben für das Zusammenleben bedeutsam ist. Oxytocin hilft als sozialer Kitt in der Kommunikation. Menschen können – wie eine Forschergruppe um Professor Ernst Fehr[18] von der Universität Zürich nachgewiesen hat – unterschiedliche Gefühlsregungen in Gesichtern besser lesen, sich demzufolge besser darauf einstimmen und entsprechend handeln. Sie sind offener, gelassener, reden konstruktiver miteinander, vertrauensvoller und finden schneller Lösungen.

Insgesamt scheint es so, dass besonders Frauen bei Stress und Herausforderungen aller Art gern mit ihren Freundinnen ausführlich darüber reden, sodass sich ihr Nervensystem wieder regulieren und beruhigen kann, während Männer – aufgrund ihrer Erziehung – Sorgen und Probleme eher mit sich selbst ausmachen.

Gleichgültig, ob Mann oder Frau – wenn du dich langfristig wohl, verbunden und sicher fühlen möchtest, dann lass dich im wörtlichen und übertragenen Sinn berühren … und du berührst andere.

Berührung ist das Wundermittel zur Beruhigung.

Was kannst du selbst tun, um dein Wohlgefühl zu steigern?

Was aber ist, wenn niemand da ist? Was, wenn weit und breit kein Partner in Sicht ist und niemand Zeit hat?

Hast du schon einmal beobachtet, wie oft sich Menschen am Tag das Kinn, die Nase oder die Ohren anfassen, sich über die Stirn oder die Wange fahren, ihren Mund oder den Hals berühren? Bis zu achthundertmal am Tag!

Lange wusste man nicht, wozu dieses Verhalten dienen sollte, doch du ahnst es vielleicht bereits: Wir berühren uns selbst vornehmlich dann, wenn wir im Stress sind, um uns zu beruhigen und emotional wieder ins Gleichgewicht zu kommen. Wir bleiben dadurch handlungsfähig – und nicht nur das. Wie Dr. Martin Grunwald, Leiter des Instituts für Haptik an der Universität Leipzig, der sich mit der Bedeutung des Tastsinns beschäftigt, herausgefunden hat, sollen durch diese Art von Selbstberührung aktuelle Inhalte des Arbeitsgedächtnisses, die durch Störungen von außen gefährdet sind, nicht verloren gehen. Vergessenes soll uns wieder einfallen.[19]

Probier das hier Gesagte einmal aus, indem du die folgenden Übungen machst.

ÜBUNG ZUR INNEREN STABILISIERUNG DURCH BERÜHRUNG

Diese Übung eignet sich gut, wenn du dich von Kollegen, Kindern, dem Partner genervt und von der Arbeit gestresst fühlst. Du kannst sie im Sitzen oder im Liegen machen, je nachdem, was für dich praktischer ist:

1. Mit der linken Hand berührst du deinen Bauch, mit der rechten die Mitte des Brustkorbs. Du spürst die Wärme und die Verbindung zum Brustraum und atmest ein paarmal tief durch, bis du wahrnimmst, dass sich dein Atem verlangsamt und sich dein Körper entspannt.
2. Gib dir Zeit, und frag dich dann mitfühlend: »Liebes Herz, was brauchst du jetzt?« Es wird dir auf seine Weise antworten. Erlaub dir, liebevoll und fürsorglich mit dir umzugehen.
3. Vielleicht nimmst du wahr, dass du schon nach kurzer Zeit deine Umgebung mit Abstand betrachten kannst.

ÜBUNG ZUR EMOTIONALEN BALANCE

Folgende Übung kannst du jederzeit machen, ohne dass es anderen Menschen auffällt! In den Persönlichkeitstrainings führen meine Kollegin Carola Frank und ich sie regelmäßig durch, und wir sind immer wieder erstaunt, dass sie tatsächlich wirkt, weil sie so einfach ist:

1. Leg bewusst deine rechte Hand auf deinen linken Unterarm, verweile zwei bis drei Minuten dabei, und spür, wie sich deine Atmung verändert.
2. Wahrscheinlich bemerkst du schon bald, dass du tiefer atmest – es erfolgt eine Mikrostresslösung und damit eine Beruhigung deines Systems.

ÜBUNG: AKTIVIERUNG DER THYMUSDRÜSE

Diese Übung dient zur Stärkung deines Wohlbefindens. Das Wort »Thymus« stammt aus dem Griechischen und bedeutet unter anderem »Lebenskraft«. Die Drüse sitzt in der Mitte des Brustkorbs hinter dem Brustbein. Kinder brauchen sie für ihr Wachstum, sie erreicht in dieser Zeit ihre größte Größe. Im Erwachsenenleben ist sie zuständig für das Funktionieren des Immunsystems, aber auch für Zellerneuerung, und sie steuert die Lebensenergie im Körper. Der große Nachteil ist, dass sie bei Erwachsenen langsam kleiner wird und sich bei Unsicherheit und Stress etwas zusammenzieht.

Es ist besonders sinnvoll, deine Thymusdrüse zu stimulieren, wenn du müde, aufgeregt, traurig, gestresst bist oder etwas Wichtiges vorhast, denn dadurch dehnt diese sich wieder aus und ist voll funktionsfähig. Du fühlst dich danach aller Wahrscheinlichkeit nach ausgeglichen, klar und präsenter und stärkst mit dieser Übung gleichzeitig deine Immunabwehr:

1. Erlaub dir, dreißig bis sechzig Sekunden locker und gleichmäßig mit den Fingern oder mit der Faust auf die Mitte des Brustkorbs zu klopfen.
2. Spür dann auch hier, wie sich deine Atmung verändert.

Der Vollständigkeit halber sei hier erwähnt, dass Oxytocin anscheinend nicht nur positive Wirkungen hat. Carsten de Dreu aus Amsterdam interessierte sich besonders für die politisch-gesellschaftliche Wirkung von Oxytocin in Gruppen und stellte dabei fest, dass dadurch zwar der Zusammenhalt innerhalb einer

Gruppe gestärkt wurde, fremden Gruppen jedoch mit Skepsis und Herabsetzung begegnet wurde.[20] Das ist nachvollziehbar, wenn man bedenkt, dass die frühe Mutter-Kind-Beziehung sehr eng war und darauf bedacht, das »Eigene« zu stärken und zu beschützen und potenzielle Gefahren abzuwenden.

Körperliche Berührungen tun gut. Stress löst sich, du entspannst dich, fühlst dich wohl, verbunden und sicher. Deine Energie fließt, dein Immunsystem wird gestärkt. Du kannst dein Dasein einfach weiter genießen, und dich dann in aller Ruhe um die Dinge kümmern, die für dich wichtig sind.

Du bist auf deinem Weg, schreitest voran und bist guter Dinge. Doch dann kann ein Gedanke auftauchen wie: »Pass bloß auf, dass du nichts falsch machst.« Dieser Gedanke kann zu Anspannung und Stress führen und es dir erschweren, dein Ziel zu erreichen. Genau deshalb greifen wir das Thema im nächsten Kapitel auf, denn eines ist schon klar – du kannst *jetzt* gar keinen Fehler machen!

Du kannst jetzt keinen Fehler machen!

Sobald du dir deine Fehler
und Schwächen verzeihst,
kannst du mit dir in Frieden leben.
G. P.

Auf unserem Weg haben wir schon manche Herausforderung gemeistert, manches Ziel erreicht, und doch kann in bestimmten Situationen eine Anspannung auftauchen, die uns zögern lässt. Sie kann dazu führen, dass wir uns manchmal in einer größeren Runde mit unseren Ansichten zurückhalten oder dass wir nicht das tun, was wir gern machen würden.

Wir befürchten, einen Fehler zu machen.

Wir könnten angreifbar sein, uns in die Nesseln setzen, uns vor anderen blamieren. Wir könnten kritisiert, lächerlich gemacht oder vorgeführt werden. Erleben wir solche Momente, fühlen wir uns persönlich getroffen, würden am liebsten im Boden versinken, sind peinlich berührt und schämen uns, kommen uns »total blöd« vor. Wir verbinden mit einem Fehler in aller Regel Schwäche, Misserfolg, Niederlagen, Inkompetenz und befürchten, als Verlierer und Versager dazustehen.

Tatsache jedoch ist, dass wir uns nicht vor den Fehlern selbst fürchten, sondern vor den damit verbundenen möglichen Konsequenzen. Ist doch verständlich, dass wir als gut und kompetent wahrgenommen werden und unsere Sachen richtig machen wollen. Schließlich haben die meisten von uns gelernt, den persönlichen Wert mit den Ergebnissen ihrer Leistung zu verknüpfen. Wir identifizieren uns vornehmlich durch unser Tun und nicht durch unser Sein! Maßgeblich dazu beigetragen hat unsere Fehlervermeidungskultur mit der entsprechenden Erziehung.

Das fängt schon im Elternhaus und in der Schule an. In unserem Schulsystem ist die kognitive Leistung sehr dominant. Durch die Mengen an Lernstoff können die Kinder kaum in ihrer Einzigartigkeit wahrgenommen und gefördert werden. Vielmehr werden ihre entdeckerische Freude und ihre Begeisterung für Neues oft gebremst und ihre Eigeninitiative schon im Keim erstickt, sie lernen, sich einzuordnen und anzupassen. Im Unterricht werden Fehler rot angestrichen, Kinder bekommen schlechte Noten, Selbstwertgefühl und Selbstvertrauen leiden. Kein Wunder, dass wir im Erwachsenenalter Angst vor Fehlern haben und uns manchmal nicht trauen, etwas zu tun, das wir gern tun würden. Vielleicht hast du auch schon Sätze gehört wie:

- »Ich würde gern ein Geschäft eröffnen, aber …«
- »Ich würde mir ja gern eine andere Arbeitsstelle suchen, aber …«
- »Ich würde mir gern eine Auszeit nehmen, aber …«

Mit dem ersten Teil des Satzes gehst du einen Schritt nach vorn, willst etwas erreichen, mit dem »Aber« gehst du diesen Schritt jedoch wieder zurück und bleibst im gewohnten Umfeld, in deiner Komfortzone. Mit dem »Aber« rechtfertigst du dein Verhalten, warum du leider, leider nicht das tun kannst, was du »eigentlich« gern tun würdest. Du kannst ja mal beobachten, wann Menschen »Ja, aber« sagen!

Fallbeispiel: »Nie gut genug«

Vor einiger Zeit hatte ich eine freiberufliche Journalistin im Coaching, die mehrere Preise und Stipendien gewonnen hatte und sehr feinfühlige Artikel schrieb. Nun bekam sie das rare Angebot, für eine renommierte Wochenzeitschrift zu schreiben. Sie zögerte und sagte: »Ich würde gern den Job annehmen, aber wahrscheinlich merken die bald, dass ich nicht gut genug bin.« Sie war voller Selbstzweifel und überlegte im Vorfeld, was sie in ihrem neuen Job alles falsch machen konnte.

Auf meine Frage, ob sie denn früher schon erlebt habe, nicht gut genug zu sein, antwortete sie sofort: »Das habe ich zu Hause oft genug erlebt. Wenn ich als Kind bei einer Schulaufgabe mit einer Drei nach Hause kam und glücklich darüber war, sagte meine Mutter: ›Du hättest auch eine Zwei schreiben können.‹ Hatte ich dann eine Zwei, meinte sie: ›Du hättest auch eine Eins schreiben können.‹ Und wenn ich eine Eins hatte, meinte sie: ›Warum schreibst du nicht jedes Mal eine Eins?‹ Ich hatte immer Angst, nicht gut genug zu sein und etwas falsch zu machen.«

Um möglichen Fehlern vorzubeugen, stellte sie einerseits sehr hohe, perfektionistische Anforderungen an sich selbst. Andererseits fokussierte sie sich auf ihre Befürchtung, nicht gut genug zu sein, spielte verschiedene Negativszenarien durch und wurde immer unsicherer. Prinzipiell kann die Strategie, diverse Eventualitäten vor einer Entscheidung durchzuspielen, sinnvoll sein, um sich gut vorzubereiten. Doch dann ist es klug, die Aufmerksamkeit auf die eigenen Stärken und mögliche positive Konsequenzen zu lenken, um sich selbst zu ermutigen.

»Pass auf, mach bloß keine Fehler!« Diesen Satz haben die meisten von uns in ihrer Kindheit nicht nur einmal gehört. Er taucht ungefragt genau dann auf, wenn wir etwas ändern wollen. Viele Menschen glauben, dass der Satz heute immer noch umfänglich wahr ist, lassen sich von ihm zurückhalten und bleiben bei ihren Gewohnheiten. Doch wer nie wagt, einen Fehler zu machen, der hat schon verloren! Wer viele Fehler macht, lernt viel dazu!

Jean-Claude Biver, Chef der Uhrensparte des Luxusgüterkonzerns LVMH, hat in seinem Bereich eine ermutigende Vorgehensweise etabliert, wie man wertschätzend mit Fehlern umgehen kann. Er sprach in einem Interview über drei Gebote. Das erste Gebot ist für ihn »Respekt«, verstanden als Achtung der Würde jedes Menschen. Das zweite Gebot heißt »Teilen«. Dabei berichtet jeder in Meetings, was er in den letzten drei Monaten falsch gemacht hat, damit alle etwas daraus lernen können. Biver hält Fehler und Misserfolg für den besten Lernprozess, deshalb sei es so wichtig, dass dies geteilt werde. Das dritte Gebot heißt für ihn »Verzeihen«, denn wer sich seine Fehler nicht verzeiht, bekommt Angst, etwas falsch zu machen.[21]

Die Angst, Fehler zu machen und dafür bestraft zu werden, lenkt die Aufmerksamkeit von deiner tatsächlichen Aufgabe ab, erzeugt Druck und Stress, und dann passiert genau das, was du nicht möchtest – ein Fehler.

Wer dagegen sich selbst und andere Menschen respektiert, der hat verstanden, dass jeder Mensch Stärken, Schwächen und ganz eigene Lernchancen hat! Er weiß, dass niemand vorsätzlich etwas falsch machen will, es sei denn, er ist »auf dem Rachetrip« oder etwas Ähnliches! Er weiß auch, dass jeder zu jedem Zeitpunkt auf der Basis all seines Wissens, seines Könnens und all seiner Erfahrung die bestmögliche Entscheidung trifft und in bester Absicht handelt. Und manchmal passieren dann Fehler.

Na und? Die Welt dreht sich danach weiter, das weiß jeder aus eigener Erfahrung!

Was ist überhaupt ein Fehler?

Was wir als Fehler bezeichnen, hängt von der Bewertung einer Situation ab. Wir bezeichnen etwas als Fehler, wenn Dinge anders – schlechter – verlaufen sind, als wir im Vorhinein erwartet haben, wenn wir unser Ziel nicht erreicht, gravierend gegen eine Norm verstoßen und mit negativen Konsequenzen zu rechnen haben. Wir können somit erst im Nachhinein etwas als Fehler bewerten, aber nicht bevor oder während wir etwas tun! Manchmal genügt ein einziger Augenblick der Unachtsamkeit – und schon ist es passiert! Hinterher ist man eben immer schlauer!

Deshalb ist es so wichtig, sich im Vorhinein daran zu erinnern:

- Du kannst *jetzt* keinen Fehler machen!
- *Jetzt* entscheidest und handelst du immer, so gut du im Augenblick kannst.

Und *jetzt* machst du eine Erfahrung, bei der du in jedem Fall gewinnst: Wenn etwas gut läuft, wirst du in deinem Denken und Handeln bestätigt. Wenn etwas schlechter läuft als gedacht, dann lernst du dazu und kannst deinen Denk- und Handlungsspielraum erweitern, vorausgesetzt, du denkst darüber nach, was du das nächste Mal besser oder anders machen kannst. Und selbst wenn sich deine Entscheidungen und Handlungen im Nachhinein als falsch erweisen, so waren sie dennoch zu dem jeweiligen Zeitpunkt, als du sie getroffen hast, richtig!

In diesem Sinne sind das, was wir als Fehler bezeichnen, wichtige Lektionen! Sie geben dir, genau wie Rückschläge, Feedback, wo du stehst und wo du dich entwickeln kannst.

Ich finde es sehr mutig und vertrauensbildend, wenn in privaten Beziehungen und in Unternehmen offen über Fehler gesprochen wird, damit alle daraus lernen können. Dann liegt es an uns, dafür geradezustehen, uns gegebenenfalls zu entschuldigen und noch achtsamer mit uns und anderen umzugehen!

Fehler, wenn sie nicht offen angesprochen werden, belasten uns selbst und unsere Beziehungen – gleichgültig, ob privat oder in der Firma. Manchmal können wir öffentlich miterleben, wie Unternehmen oder Politiker ihr Handeln, Fehler wieder und wieder zu vertuschen versuchen, wir erleben, wie sie sich rechtfertigen und dabei immer mehr in Erklärungsnot geraten. Sie mogeln sich so lange um die immer offensichtlicher werdende Wahrheit herum, bis sie ihren Fehler eingestehen und mit einem erheblichen Imageschaden, Gesichtsverlust, oft verbunden mit hohen Kosten, klarkommen müssen. Denk nur mal an den Dieselskandal, wie lange es da gedauert hat, bis die verantwortlichen Konzerne klar Stellung bezogen haben, an einen gewissen Fußballmanager bezüglich seiner Steuern oder an einen ehemaligen Spitzenpolitiker und seine in Teilen plagiierte Doktorarbeit, derentwegen er schließlich von seinem Amt zurückgetreten ist. Wie geht es dir, wenn du solcherlei scheibchenweise Enthüllungen der Wahrheit im Fernsehen mitbekommst oder in den Zeitungen liest?

Dass es auch ganz anders geht, hat die frühere Landesbischöfin von Hannover, Margot Käßmann, bewiesen. Sie hat die Verantwortung für ihr Handeln übernommen und die Konsequenzen daraus gezogen. Was war passiert? Sie fuhr am 20.2.2010 mit 1,54 Promille Alkohol im Blut bei Rot über eine Ampel und wurde von der Polizei aufgehalten. Sie sprach von einem »schlimmen Fehler«, den sie »gefährlich und unverantwortlich« nannte. Sie bedauerte ihn und trat infolgedessen von all ihren Ämtern zurück mit dem Argument, dass sie sie durch diesen Fehler nicht mehr mit der nötigen Autorität ausüben könne.[22]

Doch was hält uns zurück, uns offen zu einem Fehler zu bekennen?

Scham, ein schmerzhaftes Gefühl

Wie gut, dass wir manchmal kluge Verhaltensweisen von anderen abschauen und für uns selbst etwas lernen können! Deshalb kommt hier die Geschichte von Elena:

Fallbeispiel: »Es ist nicht schlimm, wenn man mal nicht weiterweiß«

*Elena, 37, sollte in einem Meeting die Ergebnisse ihres Projekts vorstellen. Sie hatte sich akribisch auf das Meeting vorbereitet, um für alle Eventualitäten gerüstet zu sein. Am Tag der Präsentation hatte sie großes Lampenfieber und wählte daher besonders sorgsam die Kleidung für ihren bevorstehenden Auftritt aus. Sie hatte Unterlagen an die anderen Teilnehmer*innen verteilt und bezog diese in ihre Präsentation ein. Doch dann geriet sie ins Stocken, setzte mehrmals wieder an, wurde immer nervöser, fing an zu schwitzen und fand den roten Faden nicht mehr. Schließlich brach sie ganz ab, schnappte ihre Unterlagen und verließ fluchtartig mit einem »Tut mir leid« den Raum.*

Über ihr Verhalten machte sie sich anschließend die größten Vorwürfe. So etwas hätte ihr niemals passieren dürfen. Sie hatte als

Stressreaktion die Präsentation abgebrochen und fluchtartig den Raum verlassen! Was sollten die anderen jetzt von ihr denken! Sie schämte sich so sehr und empfand ihr eigenes Verhalten als unverzeihlich. Sie ließ sich erst mal eine Woche krankschreiben, um Abstand zu gewinnen und wieder zu sich zu kommen.
Im Lauf des Coachings erinnerte sie sich an eine Situation in der Schule, in der sie vor der Klasse ein Gedicht aufsagen sollte und plötzlich nicht weiterwusste. Sie stand damals wie angewurzelt da, alle starrten sie an. Elena wäre am liebsten aus der Klasse gerannt. Schließlich forderte der Lehrer sie auf, sich zu setzen. Sie fühlte sich öffentlich bloßgestellt und beschämt.
Diese Situation hatte prägenden Einfluss auf Elenas zukünftige Situationen in Gruppen. Um sich gegen mögliche Fehler abzusichern, bereitete sie sich auf Meetings und Präsentationen mehr als gründlich vor, und befürchtete dennoch, etwas falsch zu machen und am Schluss als »blöde Kuh« dazustehen. »Schon während ich in dem Meeting meinen Teil präsentierte, beobachtete ich mich, ob ich es richtig machte. Ich stand sozusagen neben mir«, meinte sie.
Deshalb hatte sie nicht alle Energie für ihre tatsächliche Aufgabe übrig, und schon der erste Versprecher hatte genügt, um eine Kettenreaktion unangenehmer Gefühle, Empfindungen und Gedanken auszulösen. Sie hatte geglaubt, alle am Meeting Teilnehmenden würden ihre Inkompetenz erkennen und sie nicht mehr ernst nehmen. Dies hatte schließlich zum Abbruch und zu ihrer Beschämung geführt.
Eines Tages kam sie beschwingt ins Coaching und berichtete, dass ein Kollege plötzlich in einer Präsentation nicht weiterwusste. Dieser habe dann ganz offen gesagt, dass er im Moment den roten Faden verloren hätte, worauf ihm die Gruppe geholfen habe, den Faden wiederzufinden, sodass er seine Präsentation gelassen fortsetzen konnte.

»Das hat auf mich sehr souverän gewirkt! Es ist nicht schlimm, wenn man mal nicht weiterweiß«, meinte sie erleichtert. »Das kann ich das nächste Mal auch machen.«

Scham ist ein äußerst schmerzhaftes Gefühl, über das wir nicht oder höchst selten sprechen. Wir schämen uns, wenn wir uns inkompetent fühlen, eigene oder fremde Werte verletzt und Zusagen nicht eingehalten haben, wenn wir zu laut waren, über eine Treppe gestolpert sind oder wenn wir – dem Anlass entsprechend – falsch angezogen sind … Das Vertrackte ist, dass, je mehr man sich etwas zu verbergen bemüht, das Gefühl desto stärker wird, etwas falsch gemacht zu haben!

Manche Menschen schämen sich wegen ihrer Herkunft, wegen ihres Körpers, ihres Aussehens – aus Angst, mit Häme überzogen zu werden, letztlich aus Angst vor Ablehnung und davor, allein dazustehen. Wenn wir uns schämen, fühlen wir uns klein und unzulänglich, sind durcheinander und können keinen klaren Gedanken mehr zustande bringen. Wir fühlen uns schlagartig von den anderen beobachtet, ausgegrenzt, wissen nicht, was wir in dem Moment tun können, und haben für einen Augenblick die Selbstkontrolle verloren. Wir reagieren so, wie wir als Kind reagiert haben, und beziehen den Fehler auf unser ganzes Sein. Dabei haben wir doch nach bestem Wissen und Gewissen gehandelt, und das hat nur nicht so funktioniert wie erwartet. Wir fühlen uns »nicht gut genug« und können nur mühsam am jeweiligen Thema bleiben. Zittrige Stimme, Erröten und fahrige Gestik oder Erstarren verraten unseren inneren Zustand. Am liebsten wären wir unsichtbar und wie vom Erdboden verschluckt.

Ich erinnere mich noch gut an das Champions-League-Finale des FC Bayern gegen den FC Chelsea im Jahr 2012. Es ging um

Sieg oder Niederlage beim Elfmeterschießen. Die Spannung war zum Zerreißen. Die Bayern waren am Zug. Bastian Schweinsteiger übernahm als letzter Schütze für die Bayern die Herausforderung. Er nahm Anlauf – und verschoss den Elfmeter. Der anschließende Schuss von Didier Drogba verhalf Chelsea zum Sieg. Danach fiel Bastian Schweinsteiger auf die Knie, kauerte sich zusammen, vergrub seinen Kopf unter seinem Trikot und verharrte eine Weile regungslos auf dem Rasen. Erst als Drogba zu ihm ging, ihn berührte und lange mit ihm sprach, stand er auf und verließ gesenkten Hauptes das Spielfeld. Abends war Siegerehrung. Die Engländer hatten ein Spalier gebildet, durch das jeder durchgehende Bayer beklatscht wurde. Bastian Schweinsteiger ging mit gesenktem Kopf als Letzter. Man sah ihm förmlich an, wie unwohl er sich fühlte, wie er sich für seinen verschossenen Elfmeter schämte. Klaus Bellstedt beschrieb im *Stern*, wie Schweinsteiger schließlich, trotz seiner offensichtlichen Scham, die Tränen mit dem Trikot wegwischte, für einen kurzen Moment aufblickte und in die Arme von Chelsea-Kapitän Frank Lampard fiel.[23]

Wir alle erleben gelegentlich beschämende Situationen. Und als ob diese nicht schon genug wären, maßregelt unser innerer Kritiker uns bei solchen Gelegenheiten nach Strich und Faden, wertet uns ab, verhöhnt und verletzt uns. Wir wissen, dass wir die an uns gestellten Erwartungen anderer, aber vor allem die eigenen nicht erfüllt haben, und machen uns Vorwürfe: »Warum hast du nicht …?«, »Wie konntest du nur …?«, »Zu dumm für die einfachsten Dinge!«, »Du müsstest es doch besser wissen!« – und so fort.

Ob all dieser inneren Kämpfe ist unser Selbstvertrauen im Keller, unser Selbstbewusstsein erschüttert. Wir vergessen in solchen Momenten völlig, dass wir in Wahrheit viel mehr sind als unsere Handlungen, dass wir viel größer sind als unsere Selbstzweifel! Wir sehen nicht, dass wir erwachsen und als der Mensch, der wir sind, wertvoll und liebenswert sind, sondern reduzieren uns auf den vermeintlichen Fehler!

Das ist der eigentliche Fehler!

In solchen Augenblicken nehmen wir auch nicht wahr, dass wir unser Selbstwertgefühl wieder einmal von unserer Leistung abhängig machen und davon, wie wir bei anderen ankommen. Dabei denken andere längst nicht so viel über uns nach wie wir selbst.

Scham hat aber noch eine weitere Funktion. Sie hilft dir, deine eigenen Grenzen und die der anderen zu schützen. Dadurch kannst du unterscheiden, in welcher Situation es sinnvoll ist, Dinge für dich zu behalten, und bei welcher Gelegenheit du ein peinliches oder ein beschämendes Erlebnis mit anderen teilen willst in dem Wissen, dass es verständnisvoll aufgenommen wird und für Verbundenheit sorgt.

Wie kannst du sinnvoll mit Fehlern umgehen?

Wie viele schöne Dinge können wir sagen,
wie viele Träume können wir leben,
wie viele Potenziale können wir entfalten,
wie viele gute Ideen können wir einbringen und umsetzen,
wenn wir mutig aufstehen
und trotz unserer Angst vor Fehlern
uns zeigen und für uns einstehen!
G. P.

In einer Untersuchung zur Alltagsforschung fand Matthew Feinberg von der Universität von Kalifornien in Berkeley etwas Wesentliches heraus, was uns die Angst vor Fehlern und Peinlichkeiten nehmen kann. Wenn uns ein Missgeschick passiert, uns ein Fehler unterläuft, so ist uns das unangenehm. Wir glauben, bei den anderen nun an Ansehen zu verlieren, und vermuten, dass sie uns nicht mehr ernst nehmen. Der Studie zufolge ist das Gegenteil der Fall. Man wirkt erst recht vertrauenswürdiger und sympathischer. Allerdings nur dann, wenn man offen zu dem beschämenden Erlebnis steht. Erving Goffman, ein bekannter amerikanischer Soziologe, war lange vor der Untersuchung von Matthew Feinberg zu dem Schluss gekommen, dass die Rolle der Scham für das soziale Zusammenleben sehr wichtig ist. Durch unseren ehrlichen und offensiven Umgang mit dem beschämenden Ereignis verdeutlichen wir anderen, dass wir für uns selbst einstehen, dass wir uns bei anderen rehabilitieren und weiterhin zu der jeweiligen Gruppe gehören wollen. Das wird von ihr wertgeschätzt und honoriert. Wenn du also in Zukunft offen zu einer Situation, die du als Fehler bezeichnest, oder zu einem Missgeschick stehst, gewinnst du an Vertrauen und Sympathie. Das ist doch was, oder?[24]

Vor ein paar Tagen habe ich etwas Interessantes über den schulischen Umgang mit Fehlern gelesen. Das neuseeländische Schulsystem geht einen anderen, einen sehr innovativen Weg. Niemand käme in Neuseeland auf die Idee, dass ein Fehler ein Kind demotivieren könne, denn Fehler seien nichts Schlimmes und kein Grund, beschämt zu werden, schreibt die Autorin Verena Friederike Hasel. Vielmehr würden Fehler gefeiert. Als ein Mädchen im Mathematikunterricht zu einem falschen Ergebnis kommt, ruft deren Lehrerin: »Was für ein großartiger Fehler!« Die Lehrerin sieht dahinter eine interessante Strategie des Kindes, die zu einem anderen Ergebnis geführt hatte. Wenn ein Kind einen Fehler macht, dann sagen die neuseeländischen Lehrer: »Und wieder wächst dein Gehirn ein bisschen.« [25] Dadurch werden Kinder ermutigt, sich selbst etwas zuzutrauen und eigene Wege zu erkunden.

Diese kreative Strategie hilft, Neues auszuprobieren. Also, was kann schon passieren, wenn du selbst einen »großartigen Fehler« machst? Dein Gehirn wächst ein bisschen, das ist gut und zeigt, dass du den Mut hattest, etwas Ungewöhnliches zu sagen oder zu tun – und vor allem, dass du dich für deine Interessen und Belange eingesetzt hast. Es zeigt, dass du dazugelernt hast und weiter dazulernen willst! Sonst hättest du ja nichts Neues ausprobiert. Das, allein, verdient Anerkennung!

Fallbeispiel: Alle können etwas lernen

Um ein Beispiel von mir zu erzählen: Ich war Meisterin im Erwarten von Katastrophen und hatte Angst, vor einer größeren Gruppe zu sprechen, was in meinem damaligen Job als Lehrerin recht ungünstig war. Ich hatte die Befürchtung, etwas Falsches zu sagen und als inkompetent zu gelten. Dabei hatte ich das Bedürfnis, bei Lehrerkonferenzen auch etwas beizutragen.

Also entwickelte ich eine stufenweise Strategie zum Umgang mit meiner Unsicherheit. Ich ging viel zu Vorträgen. Zuerst stellte ich nach jedem Vortrag zwei Fragen an den jeweiligen Referenten oder die jeweilige Referentin. Im nächsten Schritt machte ich nach einem Vortrag zwei kritische Anmerkungen zu den Inhalten. Das ging erstaunlich gut. Also nahm ich mir als Nächstes vor, selbst Vorträge zu halten, obwohl ich mich sehr unwohl fühlte.

Der erste Vortrag machte mir Spaß, doch ich hatte Angst vor einer möglichen Situation danach. Meine Befürchtung war, dass ich eine Frage der Zuhörenden nicht beantworten könnte, dass meine Inkompetenz offensichtlich würde und ich demzufolge vor Scham in den Boden versinken müsste!

Es kam, wie es kommen musste, ein Herr kritisierte meine Ausführungen. Aber zu meiner eigenen Überraschung geschah etwas völlig Unerwartetes: Ich empfand seine Frage als bereichernd. Es entspann sich eine lebendige Diskussion, bei der wir alle etwas lernten. Dies ermutigte mich, aktiv Beiträge zu leisten.

Eine interessante Episode erzählte ein Trainingsteilnehmer in einem Seminar. Ein Mitarbeiter habe einen Fehler gemacht, der die Firma über eine Million Dollar gekostet hatte. Daraufhin ging der Mitarbeiter zu seinem Chef und wollte deshalb kündigen. Da sagte der Chef zu ihm: »Was? Sie wollen gehen? Kommt gar nicht infrage. Wir haben gerade eine Million Dollar in Ihre Weiterbildung investiert!« – Ob die Geschichte stimmt, weiß ich nicht, sie klingt in jedem Fall sehr wertschätzend und optimistisch!

Ehrlichkeit ist zwar nicht der einfachste Weg, konstruktiv mit Fehlern umzugehen, aber langfristig der beste! Zudem zeigst du, dass du zu dir und deiner Wahrheit stehst. Du übernimmst die Verantwortung für dein Denken, Fühlen und Handeln und bist bereit, die daraus resultierenden Konsequenzen zu akzeptieren.

ÜBUNG: SICH SELBST WIE EINEN GELIEBTEN MENSCHEN BEHANDELN

Erlaub dir, dir beim nächsten »großartigen Fehler« Zeit zu geben und dir Folgendes vorzustellen:

1. Wie würdest du dich einem geliebten Menschen gegenüber verhalten, der zu dir kommt und berichtet, dass er gerade einen Fehler gemacht hat?
2. Was würdest du zu ihm sagen?

3. Wie würdest du ihn ermutigen?
4. Was würde sich verändern, wenn du mit dir selbst nach einem Missgeschick oder einem Fehler genauso fürsorglich umgehen würdest wie mit einem anderen geliebten Menschen?

ÜBUNG: MITGEFÜHL MIT DEINEM INNEREN KIND

Du kannst die folgende Übung im Sitzen oder auch gern im Liegen ausführen:

1. Erlaub dir, dich zu entspannen und mit deinem inneren Kind Kontakt aufzunehmen.
2. Stell dir dann noch einmal die Situation vor, in der dir kürzlich ein Fehler passiert ist, und nimm deine Gefühle und körperlichen Empfindungen dabei wahr.
3. Wiege dein inneres Kind, frag nach einer beschämenden Situation in deiner Kindheit, und lass sie dir genau erklären. Frag nach, wie sich dein inneres Kind dabei gefühlt hat, was es gedacht hat, was es gespürt hat, und gib ihm viel Zeit dafür.
4. Zeig alles Verständnis dieser Welt, steh deinem inneren Kind bei. Frag nach, was es in der damaligen Situation gebraucht hätte, und gib ihm das so lange, bis es sich wieder wohl und sicher fühlt.
5. Danach fragst du, was dein inneres Kind in der damaligen Situation mit seinem Handeln »eigentlich« wollte und welche positive Absicht es hatte.
6. Nun kann dein inneres Kind einen lieben Menschen oder ein beschützendes Tier wählen, mit dessen Hilfe

es die Situation von damals in der Fantasie so verändern und abschließen kann, dass es ihm gut damit geht.
7. Erlaub dir, dabei wahrzunehmen, wie du dich entspannst, wie sich dein Atem, deine Gefühle und deine Gedanken verändern.
8. Dann stell dir noch einmal die aktuelle Situation vor, in der dir der Fehler passiert ist. Was hat sich nun geändert?

ÜBUNG: LERNCHANCEN IN EINEM FEHLER ERKENNEN

Denk an einen »großartigen Fehler«, den du gemacht hast, und lass die Antworten auf folgende Fragen auf dich wirken und trag sie wieder in dein Notizbuch ein:
1. Was hast du damals zu dir selbst gesagt?
2. Wie hast du dich dabei gefühlt?
3. War der Fehler wirklich schlimm?
4. Was hast du durch den Fehler gelernt?
5. Was machst du jetzt anders?
6. Was ändert sich für dich, nachdem du dir diesen Fehler verzeihst?

Niemand macht absichtlich Fehler. *Jetzt* kannst du keinen Fehler machen! Im gegenwärtigen Augenblick handelst du immer so gut, wie du in dem Moment handeln kannst. Manchmal stellt sich etwas im Nachhinein als Fehler heraus. Fehler sind in Wahrheit eine Lernchance und zeigen dir den nächsten Entwicklungsschritt. Erlaub dir, trotz Unsicherheit »dein Ding zu machen«, und lass dich selbst von den Ergebnissen überraschen.

Und wenn dir – wie die neuseeländischen Lehrer sagen – ein »großartiger Fehler« passiert, machst du eine neue Erfahrung, und dein Gehirn entwickelt sich gerade wieder weiter ...!

Wer sich selbst annimmt, wie er ist, der kann sich Fehler verzeihen und mit sich im Frieden leben. Im nächsten Kapitel erfährst du mehr über solcherart Akzeptanz und die daraus entstehenden Wahlmöglichkeiten.

Akzeptanz – Tor zu Veränderung und innerem Frieden

Seelenschmerzen entstehen
aus der Ablehnung der Gegenwart.
Wenn du akzeptierst, was jetzt ist,
löst sich dein Leid
im Licht des Bewusstseins auf.

G. P.

Akzeptanz ist die Basis für proaktive Veränderung. Sie hilft dir, dich mit deiner Vergangenheit, deinen Fehlern und Schwachpunkten zu versöhnen und dir selbst und anderen zu verzeihen. Im nachfolgenden Beispiel, an dem ich viel über Akzeptanz lernen konnte, beschreibe ich, was passiert, wenn du etwas nicht akzeptierst, und was sich durch Akzeptanz verändert.

Fallbeispiel: »Madam, relax!«

Vor Jahren hatte ich mit einem Kollegen zusammengearbeitet. Jeder von uns hatte im Rahmen der Trainings für Unternehmen bestimmte Schwerpunkte, meiner war: »Konstruktiver Umgang mit Veränderung«. Ihn interessierte das Thema nicht.
Eines Tages sagte der CEO einer Firma, mein Partner möge einen Vortrag zu diesem Thema halten. Ich ging selbstverständlich davon aus, dass mein Kollege sofort antworten würde, dass

dies mein Thema sei. Doch er sagte dem CEO erfreut zu. Auf der Heimfahrt sprach ich ihn darauf an. Er zuckte mit der Schulter und murmelte etwas davon, dass es dumm für mich gelaufen sei.
Als er den Vortrag hielt, saß ich schmollend im Raum. Ich fand seine Präsentation langweilig und war überzeugt, dass ich das viel besser gemacht hätte! Mein Ego war höchst gekränkt und verärgert.
Zwei Tage später flog ich nach Sri Lanka zu einer Ayurveda-Kur. Das Resort lag direkt am Meer in einem Palmenhain mit üppig grüner Wiese. Jeden Tag sagten die Masseurinnen zu mir: »Madam, relax, relax!« Und ich dachte: »Wie kann ich mich entspannen, wo ich so unfair behandelt worden bin?« Ich war immer noch wütend auf meinen Kollegen – und das, obwohl die Situation der Vergangenheit angehörte und ich Tausende von Kilometern weit weg vom Ort des Geschehens war! Ich verurteilte innerlich meinen Kollegen als egoistisch und merkte nicht, wie egoistisch ich selbst war. Ich ärgerte mich unablässig über ihn und fühlte mich als Opfer! Hätte er meine Erwartungen erfüllt, wäre es mir besser gegangen!
Obwohl ich also in einer wunderschönen Gegend weilte, ging es mir mehrere Tage schlecht. Ich hatte mich in meinen Vergangenheitsgrübeleien verfangen! Was um mich herum geschah, nahm ich nur am Rande wahr! Doch dann – eines Augenblicks – lag ich wieder auf dem gleichen Liegestuhl unter dem gleichen Jasminstrauch wie die Tage vorher, und plötzlich stieg ein sanfter, feiner Duft in meine Nase. Ich spürte, wie sich mein Körper entspannte und mein Herz sich öffnete. Zudem hörte ich das Rauschen des Meeres und spürte eine leichte Brise auf meiner Haut. Ich war beglückt von diesem Moment. Das alles nahm ich jetzt zum ersten Mal richtig wahr! Ich fühlte mich lebendig und hatte plötzlich Lust, in den freien Stunden mehr vom Land zu entdecken.

Von dem Tag an sagte auch keine Masseurin mehr: »Madam, relax!«

Wenn du eine Situation, an der du nichts ändern kannst, nicht akzeptierst, gehst du in den Widerstand! Du kämpfst dann gegen die Realität. Du willst, dass die Realität sich deinen Wünschen anpasst. Aber nein, den Gefallen tut sie dir leider nicht, denn sie ist immer größer als du! Folgerichtig gerätst du in erheblichen Stress! Du kannst die Wirklichkeit einer Situation, auf die du keinerlei Einfluss hast, noch so sehr verurteilen, du kannst sie dir anders wünschen, Dramen kreieren und ihr deinen Willen aufzwingen wollen. All deine mentalen Anstrengungen, Bewertungen und ärgerlichen Gefühle ändern nichts an ihr, rein gar nichts. Die Situation ist, wie sie jetzt ist, ob es dir gefällt oder nicht!

Auf meine Frage »Was passiert, wenn du etwas nicht akzeptierst?«, antworten die Teilnehmenden an Trainings zum Thema: »Ich konzentriere mich auf negative Gedanken«, »Ich verschwende viel Energie und mache mir unnötig Sorgen«, »Ich komme nicht vorwärts und bin demotiviert«, »Ich bin unzufrieden und verärgert« oder »Ich fühle mich als Opfer von anderen« und Ähnliches mehr.

Wenn du die Realität einer Situation ablehnst, sagst du letztendlich Nein zu dem, was ist, und leidest. Manche Menschen leiden, weil ihr Chef sie für ihre Arbeit nicht genügend lobt, andere, weil der Partner etwas gesagt hat, das er nicht hätte sagen sollen!

Je mehr du gegen eine Situation kämpfst, desto mehr leidest du. Doch warum leidest du in solchen Momenten wirklich? Weil die Realität anders ist als erwartet.

Du kannst dich entscheiden, ob du im Widerstand zu ihr bleibst, gegen sie ankämpfst und leidest oder ob du die Situation akzeptierst, wie sie jetzt ist.

Nicht umsonst heißt das Zauberwort für proaktive Veränderung, inneren Frieden und Freiheit »Akzeptanz«. Im Buddhismus spielt das Thema »Akzeptanz« eine Schlüsselrolle. Sie ist eine der wichtigsten Säulen für ein bewusstes und erfüllendes Leben.

Was bedeutet Akzeptanz?

Das Wort »Akzeptanz« kommt aus dem Lateinischen; *accipere* bedeutet »annehmen, billigen, zulassen«. Für mich ist das »Annehmen« einer Situation am zutreffendsten. Bezogen auf eine bestimmte Gegebenheit heißt das: »Ich schaue eine Situation von allen Seiten an und nehme sie so an, wie sie jetzt gerade ist.« Akzeptanz bedeutet aber auch, die eigenen Gedanken, Gefühle und das eigene Verhalten anzunehmen, selbst wenn das nicht immer leicht ist. Aber wer sagt, dass es leicht sein soll?

In dem Augenblick, in dem du etwas akzeptierst, fängst du an, dich zu öffnen, Druck und Stress lösen sich auf, du kannst dich entspannen und wieder frei durchatmen. Du bist mit deiner Aufmerksamkeit bei dir, spürst deine Kraft und Stärke und erlebst eine innere Weite. Du bekommst neue Ideen, kannst dich auf die aktuellen Anforderungen einlassen und aktiv handeln. Letztlich sagst du *Ja* zur Realität einer Situation. Du sagst *Ja* zu Freude und Schmerz, *Ja* zu deinen Macken und deinen Stärken und akzeptierst auch, dass andere gerade so sind, wie sie jetzt sind. Du akzeptierst die Höhen und Tiefen des Lebens und weißt mehr und mehr, dass alles zum Leben gehört und dass du in jeder Situation dazulernen kannst.

Selbstakzeptanz ist der Beginn von wahrer Selbstliebe.

»Aber was soll ich tun, wenn ich im Widerstand bin?«, fragen Teilnehmende in Trainings immer wieder. Bewusste Selbstwahrnehmung ist der wichtigste Schritt. Du nimmst deinen Widerstand ohne Bewertung wahr. Er ist im Moment da. Na und? Wenn er da ist, ist er da! Erlaub ihm, dass er gesehen wird. Dann kannst du zu ihm so etwas sagen wie: »Es ist in Ordnung, dass du da bist« und akzeptierst auch, wenn du gerade etwas *nicht* akzeptierst. Dabei kannst du wahrnehmen, dass sich genau dadurch die Anspannung wieder löst!

Manche Menschen haben Schwierigkeiten mit dem Begriff der Akzeptanz. Sie fragen: »Wieso soll ich etwas akzeptieren, das ich nicht gut finde?« Sie wollen sofort etwas verändern, anpacken, umsetzen. Das sind wunderbare Qualitäten, die jedoch mit der Gefahr einhergehen, auf eine Situation sofort aktionistisch zu reagieren, ohne alle Seiten vorher bewusst zu betrachten und ohne wahrzunehmen, was ein anderer möchte. »Akzeptanz« klingt in den Ohren dieser Menschen nach Schwäche und Aufgeben, nach Resignation. Sie glauben, dass sie nun alles über sich ergehen lassen müssten und nicht mehr ins Handeln kämen.

Das stimmt aber nicht, denn Akzeptanz ist etwas Aktives, Bewusstes. Wenn du etwas akzeptierst, betrachtest du eine Situation von allen Seiten und stellst nicht wertend fest, dass sie so ist, wie sie jetzt ist. Sie ist ohnehin so, wie sie ist, auch wenn du sie nicht akzeptierst.

Auf der Basis von Akzeptanz kannst du nun wählen, wie du mit einer konkreten Situation umgehen und was du tun willst. Hier gibt es drei mögliche Arten von Situationen:

1. *Wenn du etwas ändern kannst, dann ändere es*

   Überleg, was du genau ändern möchtest, entwickle konkrete Maßnahmen und setz sie dann um.

   Angenommen, eine Frau ärgert sich immer wieder über ihren Mann, weil er beim Essen mit vollem Mund spricht. In Situationen wie diesen kann sie ihm ein »wertschätzendes Feedback« geben, indem sie sich auf die konkrete Situation bezieht und ihm sachlich sagt, was sie wahrnimmt, wie sein Verhalten auf sie wirkt und was sie sich von ihm wünscht.

2. *Du kannst etwas sein lassen*
   Diese Option kann die folgenden verschiedenen Bedeutungen haben:
   - Du kannst eine Situation verlassen. Angenommen, eine Frau lebt mit ihrem Freund zusammen. Sie hat ihm schon mehrmals eindeutiges Feedback zu bestimmten Verhaltensweisen gegeben. Als er gar nichts davon umsetzt, entscheidet sie sich, die Situation zu verlassen, einen klaren Strich darunter zu machen, und hat dann mit allen Konsequenzen zu leben.
   - Die zweite Bedeutung von »etwas sein lassen« ist folgende: Wenn du etwas ändern könntest, du aber die damit verbundenen Konsequenzen nicht in Kauf nehmen möchtest, dann lass los. Hör auf damit, dir jeden Tag Gedanken um etwas zu machen, wenn du nicht bereit bist, etwas zu ändern. Ein Mann ärgert sich zum Beispiel regelmäßig darüber, dass seine Frau, wie er meint, in Gesellschaft »viel zu laut« lacht. Er möchte ihr aber den Spaß nicht verderben und sagt dazu nichts. Also entscheidet er sich, ihr Lachen zu akzeptieren und seine Bewertungen loszulassen.
   - Die dritte Bedeutung von »sein lassen«: Manchmal haben wir nicht die Kompetenz, etwas zu ändern. Also hör auf, dich über Dinge oder Menschen aufzuregen, die du nicht ändern kannst. Du könntest dich jeden Tag über die Maßnahmen der Politik aufregen, doch es ändert nichts. Du könntest dich darüber ärgern, dass du im Stau stehst, kannst es aber auch sein lassen. Du könntest jeden Tag über einen Kollegen schimpfen, weil dieser Kollege viel langsamer arbeitet als du. Du kannst es aber auch sein lassen, denn es liegt außerhalb deiner Macht, etwas daran zu ändern.

3. *Tiefe Akzeptanz – Hingabe*
   Es gibt Situationen, die du nicht verändern kannst, die du auch nicht verlassen oder sein lassen kannst. Das kann eine schwere Krankheit oder ein Unfall sein, es kann die Kündigung in einem Job oder eine Umweltkatastrophe sein. Es kann die Trennung von einem Partner sein, oder ein geliebter Mensch geht von uns. Solche gravierenden Veränderungen erschüttern dein bisheriges Selbstverständnis und treffen dich im Innersten. Hier braucht es Zeit, bis du einen tiefen Einschnitt in dein bisheriges Leben verarbeitest und integrierst.

Phasen der Veränderung

Jeder Mensch erlebt in seinem Leben gravierende Ablösungs- und Veränderungsprozesse. Sie laufen typischerweise in verschiedenen Phasen ab, und es ist hilfreich, diese zu kennen, um seine eigenen Gedanken und Gefühle noch besser verstehen und einordnen zu können. Hier die typischen *Phasen der Veränderung:*

1. Die erste Phase beginnt mit einem Schock über die veränderte Realität. Der Schock kann mehrere Stunden oder Tage dauern. Man kann nicht glauben, was passiert ist, man ist wie erstarrt und steht neben sich.
2. Danach folgt eine Verneinung der Situation: »Es kann nicht sein, dass …« Oder: »Ich glaub das nicht!« Und doch ist es so. Man will die Situation verleugnen und empfindet sie als schlechten Traum, der einem den Boden unter den Füßen wegzieht.
3. Schließlich kommt die Phase der widerstreitenden Emotionen. Man ist neidisch auf andere, die ein besseres Leben zu haben scheinen, ist wütend, auch verzweifelt, und zieht sich zurück. Man hat Angst vor der Zukunft, trauert um die Ver-

gangenheit, ist unruhig, manchmal frustriert oder hoffnungslos, erlebt aber auch Augenblicke der Freude. Dabei können auch alte Verlassenheitsängste aus der Kindheit reaktiviert werden. All diese Gefühle gehören zur Verarbeitung dazu und sind wichtig. Man denkt viel an die vergangene Zeit, an angenehme Situationen, aber auch an leidvolle; und man fragt sich, ob das eigene Verhalten richtig war, was man vielleicht hätte besser machen können. Hier können Schuldgefühle über mögliche Versäumnisse auftauchen.

4. Ganz allmählich gelangt man zur Akzeptanz und inneren Versöhnung mit der Vergangenheit. Danach lichten sich die Wolken. Man hat an inneren Erfahrungen und Erkenntnissen gewonnen, das Selbstvertrauen nimmt wieder zu.
5. Nun sieht man neue Möglichkeiten für sich, probiert neue Möglichkeiten aus und blickt wieder zuversichtlich in die Zukunft.

ÜBUNG: AKZEPTIEREN UNANGENEHMER GEFÜHLE

1. Stell dir vor, du ärgerst dich über eine Situation oder über einen Menschen.
2. Erlaub dir nun, deinen Ärger zu akzeptieren, und sag so etwas wie
   - »Ja, das Gefühl darf da sein«,
   - »Es ist in Ordnung, mich so zu fühlen« oder
   - »Auch wenn ich es gern anders hätte, es ist okay so.«
3. Du kannst unterschiedliche Sätze ausprobieren und dich dann für den entscheiden, der dir am besten hilft.
4. Beobachte während der Übung, was mit dem Ärger passiert.

5. Gib dir dann Zeit, um weiterhin zu beobachten, was hinter deinem Ärger stecken könnte, welche Erwartungen andere nicht erfüllt haben oder ob du eine deiner Erwartungen an dich selbst nicht erfüllt hast.
6. Nun kannst du dir überlegen, wie du handeln möchtest.

Im nachfolgenden Interview mit dem Schauspieler Martin Gruber erfährst du, wie er mit Zweifeln und Unsicherheiten umgeht und welche Rolle Akzeptanz, Neugier und Verbundenheit bei ihm spielen.

Interview mit Martin Gruber

Martin Gruber ist ein bekannter und beliebter Schauspieler. Er steht auf der Bühne, war in Kinofilmen zu sehen und verkörpert Rollen in Fernsehproduktionen wie »Tatort«, in den Filmen nach Rosamunde Pilcher oder Inga Lindström, in der Vorabendserie »Samt und Seide«, der Telenovela »Sturm der Liebe«, im Primetime-Format »Die Bergretter« und viele andere.

Aufgewachsen in München, war es schon immer sein Wunsch, die Welt kennenzulernen. Zunächst machte er eine Hotelfachlehre, die er, frustriert von den Arbeitsbedingungen, kurz vor der Abschlussprüfung hinschmiss, um bei einem namhaften Barkeeper in die Lehre zu gehen, und dann kam das Schauspiel. »Ich habe das Ziel nie aus den Augen verloren, nur einen anderen Weg gewählt.« Auf Einladung eines amerikanischen Freundes und Schauspielers flog er mit wenig Geld in der Tasche in die USA.

Gabi Pörner: Wie war es für dich, das erste Mal in Amerika zu sein?

Martin Gruber: Das war Abenteuer pur. Unbefangen, wie ich war, nahm ich an einem Casting für eine Filmrolle teil und bekam prompt die Rolle des jüngeren Thomas Gottschalk. Ich war neugierig, habe die neue Situation hundertprozentig angenommen und sie in vollen Zügen genossen. Es war ein unglaublich positives Erlebnis, ich wurde von allen Seiten akzeptiert nach dem Motto: »Du kannst sein, wer du willst, aber sei das zu hundert Prozent.«

Gabi: Das gab dir Sicherheit.

Martin: Natürlich. Wenn man im Leben etwas hundertprozentig macht, kann man es gern falsch machen, aber man hat es zu hundert Prozent gemacht. Das gilt auch für das Schauspiel. Wenn ich eine Rolle nicht bekomme, basiert das auf verschiedenen Faktoren – es kann natürlich schlechte Performance sein, vielleicht erinnert man den Regisseur auch an seinen ungeliebten Schwiegersohn, man ist zu groß, zu klein, zu dünn ... Eine Absage bei einem Casting hat mit mir als Mensch nichts zu tun. Das ist keine Kritik an mir als Person.

Gabi: Wie kommst du zu einem Casting?

Martin: Meine Agentur macht für mich die Termine, und ich gehe dann hin und gebe die vorbereiteten Texte zum Besten.

Gabi: Mit welchem Gefühl gehst du zu einem Casting?

Martin: Wenn ich zum Casting gehe, dann optimal vorbereitet und mit voller Konzentration. Ein Casting ist für mich wie ein Job, aber keine brisante Situation, die mich unsicher macht. Ich sehe das als Arbeitstag an und erfülle meine Aufgabe wie bei einem richtigen Dreh.

Gabi: Dann hast du bei jedem Casting, bei jeder Rolle immer wieder Chancen für neue Abenteuer.

Martin: Ja, jede neue Rolle gibt mir die Möglichkeit zu reisen – manchmal im wörtlichen Sinne, manchmal nur innerlich.

Selbst aus der kleinsten Rolle kann man etwas machen, wenn man sich die Zeit nimmt und zwischen den Zeilen liest. In der New Yorker Schauspielschule haben wir mit Kinderliedern gearbeitet und dabei jedem Wort eine Bedeutung gegeben. Wenn man diese betonten Worte bei seinem Gegenüber benutzt, entstehen berührende Situationen voller Emotionen. Leider fehlt heute oft die Zeit, wirklich miteinander zu reden.

Gabi: Schade.

Martin: Ich hatte in New York eine fantastische Lehrerin. Sie sagte: »Worte können mich nicht verletzen, wenn ich mich nicht angegriffen fühle.« Mit diesem Leitspruch fährt man auch im Leben gut. Ich filtere heute mehr und überlege: Wer hat was in welchem Kontext, warum und wozu gesagt? Dadurch entwickelt man Verständnis und nimmt nicht jeden Satz persönlich.

Gabi: Was bedeutet für dich »Akzeptanz«?

Martin: Akzeptanz ist mir in der Familie und im Freundeskreis sehr wichtig. Dinge, die man macht und sagt, und Umstände, die man kreiert, brauchen Akzeptanz für das Zusammenleben. Und es gibt die berufliche Akzeptanz – man wird akzeptiert in dem, was man macht. Das heißt noch lange nicht, dass die Leute einen mögen. Aber Akzeptanz ist eine gute Basis für Zusammenarbeit. Das gibt Sicherheit. Darauf kann ich aufbauen.

Gabi: Meine Fantasie ist, dass eine Rolle dir auch Sicherheit gibt.

Martin: Ich muss mit der Umgebung anfangen. Es ist eine fiktive Umgebung. Alles, was darin passiert, ist ohne Konsequenzen. Daher kann ich mich in meiner Rolle – ob gut oder böse – weit aus dem Fenster lehnen, und nichts passiert. Ich nehme diese fiktiven Lebensumstände für bare Münze, um dieser fiktiven Figur Leben einzuhauchen. Ich akzeptiere die Realität dieser Figur und gewinne dadurch Sicherheit in der Rolle.

Gabi: Kann es dann sein, dass du in den Rollen Anteile ausleben kannst, die du im normalen Leben nicht leben kannst?

Martin: Ja, absolut. Vielleicht hat Schauspiel grundsätzlich einen therapeutischen Ansatz … Man kann bis zu einem bestimmten Punkt Dinge ausleben. Man kann rumschreien – und der Regisseur sagt: »Wunderbar.« Das ginge im normalen Leben nicht! Ich versuche die Figuren, die ich spiele, authentisch sein zu lassen. Ich frage mich: Warum reagiert die Figur so, wieso bricht sie in Tränen aus, warum wird sie wütend? Ich überlege, was diese Emotionen auslöst – generell im Leben und bei meiner jeweiligen Figur.

Gabi: Das klingt alles so positiv. Gab es bei dir nie so etwas wie Unsicherheit und Zweifel?

Martin: Doch. Das erste halbe Jahr in New York war die Hölle. Ich konnte nur Schulenglisch, verstand kaum ein Wort und konnte an keiner Konversation richtig teilnehmen. Das war unangenehm. Diese Unsicherheit, nicht zu wissen, was dein Gegenüber sagt oder von dir will, hat mich die ersten Monate begleitet. Es kostete sehr viel Überwindung, nicht den Schwanz einzuziehen und heimzukehren, dorthin, wo du jeden verstehst und dich jeder versteht.

Gabi: Was hat dich dann bewogen, trotzdem dortzubleiben?

Martin: Meine Sturheit. Inzwischen habe ich gelernt, dass es nicht immer gut ist, mit dem Kopf durch die Wand zu wollen. Dass ich damals nicht aufgegeben habe, habe ich meiner Lebenszähigkeit zu verdanken. Meine New Yorker Zeit war oft hart. Ich hatte kein Geld, war nicht krankenversichert. Ich bin einmal im Winter auf der Straße umgekippt, hatte eine fürchterliche Infektion, ohne es zu merken. Ich wurde von jemandem aufgesammelt, ins Krankenhaus gebracht und dort mit Antibiotika versorgt. Mir hat das gezeigt, dass es trotz der Rückschläge immer weitergeht. Ich wollte mein Vorhaben unbedingt durchziehen.

Gabi: Ich höre es. Was treibt dich an, all diese Dinge zu machen?

Martin: Neugier. Sie hat mich immer angetrieben. Ein paarmal bin ich in meinem Leben ausgebremst worden, aber letztendlich war und ist die Neugier immer mein Motor. Wenn ich die Möglichkeit habe, etwas dazuzulernen, dann freue ich mich.

Gabi: Du lernst gern?

Martin: Ja, jetzt gerade lerne ich Italienisch. Ich bin auch sehr interessiert an Chemie und Physik. Ich will wissen, wie die Dinge zusammenhängen. Mich treibt auch die Neugier bei den Rollen an. Man kann Figuren nur dann in einem Film oder in einer Serie voranbringen, wenn sie selbst von etwas angetrieben werden. Egal, ob das ein Kommissar ist, der den Fall lösen möchte, oder ein Liebhaber, der hinter seiner Geliebten her ist. Es geht immer um Neugier und Interesse. Ohne Neugier gibt es keine Entwicklung.

Gabi: Das klingt spannend.

Martin: Und ich brauche immer eine Vision in meinem Leben, einen greifbaren Traum meiner Ideen, meiner Welt. Etwas, das über das hinausgeht, wo ich heute stehe, sonst habe ich keinen Schwung, an diesem Punkt weiterzukommen.

Gabi: Was ist derzeit deine Vision?

Martin: Italien. Ich habe dort eine Serie gedreht, und das hat mir sehr gut gefallen. Ich würde gern wieder dort arbeiten. Und seit New York ist Amerika nach wie vor mein Traum. Dort eine interessante Rolle in einer Produktion zu spielen, das ist immer noch mein Ziel. Ich hatte ganz zu Anfang die Vision, nach Amerika zu gehen und dort eine Schauspielschule zu besuchen. Es hat funktioniert. New York war eine schwierige, aber auch prägende Zeit, ein reines Survival-Training. Ich bin ins kalte Wasser gesprungen. Es hat sich gelohnt.

Gabi: Du springst ja immer wieder ins kalte Wasser. Was ist, wenn du mal keinen Job als Schauspieler hast?

Martin: Vor ein paar Jahren habe ich einen sehr guten TV-Job aufgegeben, um mich primär um die Familie zu kümmern. Wissend, dass etwas Neues auf mich zukommt, nicht ahnend, wie und was das sein würde.

Gabi: Was meinst du damit?

Martin: Wenn man von hundert auf null abbremst und aussteigt, dann ist es eine gewaltige Herausforderung. Um das entstandene Loch auszufüllen, habe ich mir selbst Kameratechnik beigebracht, eine kleine Werbefilmproduktion aufgemacht und Werbefilme für diverse Firmen und meine Stiftung gedreht. Das hat sehr gut funktioniert. Grundsätzlich suche ich mir immer Aufgaben – eben weil ich neugierig bin.

Gabi: Wie kam es dazu, dass du eine Stiftung gegründet hast?

Martin: Ich bin sehr sozial eingestellt, vielleicht auch, weil meine Eltern in sozialen Berufen gearbeitet haben. Im Lauf meiner Schauspielzeit habe ich gemerkt, dass man bei anderen Leuten Glücksgefühle auslösen kann. So schrieb mir eine schwer kranke Frau, dass sie im Krankenhaus immer die Telenovela »Sturm der Liebe« angeschaut und aus meiner Figur »Felix« viel Kraft geschöpft habe.

Gabi: Das ist sehr ermutigend.

Martin: Dann erzählte mir eine Frau von ihrem kranken Patenkind. Ich besuchte den Jungen im Krankenhaus, brachte kleine Geschenke mit und hab ihn zum Hubschrauberflug eingeladen. Das hat ihn sehr begeistert und ihm gutgetan. Daraufhin kam die Idee, eine Treuhandstiftung ins Leben zu rufen. Diese Stiftung unterstützt benachteiligte Kinder zum Beispiel aus sozial schwachen Familien, um sie begabungs- und situationsgerecht zu fördern, damit sie mehr Halt und Sicherheit gewinnen. Wir finanzieren Reittherapie und Hundetherapie und haben ein wunderschönes Projekt initiiert, den WerteRaum. Dort lernen Grundschulkinder spielerisch Werte, wie zum Beispiel Gemeinschaft, Gleichberechtigung, Religionsfreiheit und Toleranz.

Gabi: Was gibt dir diese Arbeit?

Martin: Es gibt mir das Gefühl, etwas abgeben zu können von dem, was ich habe, und mein Potenzial zu nutzen. Ich glaube, jeder hat die Verpflichtung, einfach mal zu helfen, Bedürftigkeit zu erkennen und Nächstenliebe zu pflegen. Das muss nichts Materielles sein, es kann auch was Emotionales sein, das diese Bedürftigkeit stillt – nicht nur an Weihnachten.

Gabi: Vielen Dank, Martin, für das anregende Gespräch.

Eine Situation ist, wie sie ist. Du kannst dagegen kämpfen, das kostet Energie. Wenn du sie akzeptierst, kannst du sie umfassend wahrnehmen. Dadurch lösen sich Spannungen, du hast den Kopf frei, neue Lösungen zu entwickeln.

Im nächsten Kapitel erfährst du etwas über ein Thema, das selbstverständlich klingt, es aber keinesfalls ist. Damit du auf deinem Weg erfüllt und erfolgreich bist, brauchst du Selbstverantwortung. Denn Selbstverantwortung macht dich stark!

Selbstverantwortung macht stark

Wir sind nicht nur verantwortlich für das, was wir tun, sondern auch für das, was wir nicht tun.

Molière

Fallbeispiel: Grenzen setzen

»Selbstverständlich bin ich für mich verantwortlich, wer denn sonst?«, meinte die junge Projektleiterin Nicki mit Nachdruck im Coaching.
Es dauerte aber nicht lange, da entrüstete sie sich über eine Kollegin, die immer wieder zu ihr kommt und sie bittet, einen Teil ihrer Aufgaben mit zu übernehmen, da sie selbst zu viel Arbeit habe. »Ich kann einfach nicht Nein sagen«, meinte Nicki. »Meine Kollegin sollte wissen, dass auch ich viel zu tun habe!«

An dem Fallbeispiel kannst du erkennen, dass es mit der Selbstverantwortung nicht so einfach ist. Wenn Nicki wirklich die Verantwortung für ihr Denken und Handeln übernähme, dann würde sie sich gegenüber ihrer Kollegin abgrenzen und ihr sagen, dass sie selbst viel zu tun habe und dass ihre Kollegin sich an jemand anderen wenden möge. Nicki aber schob ihrer Kollegin die Schuld zu, gab ihre eigene Macht an diese ab und erwartete, dass ihre Kollegin unausgesprochen wissen sollte, dass Nicki selbst viel zu tun hatte.

Manche Menschen verbinden mit Selbstverantwortung eine Last, etwas Schweres, eine Pflicht, die erfüllt werden muss. Nicht wenige sind theoretisch dafür, Verantwortung für ihr Denken und Handeln zu übernehmen, haben aber praktisch einige Strategien auf Lager, wenn sie sich um die Verantwortung drücken wollen. Sie verwenden ihre automatisierten Schutz- und Abwehrstrategien und bleiben in ihrer Komfortzone. Doch auch dafür sind sie verantwortlich, selbst wenn sie es nicht bewusst wahrnehmen können.

Um dich selbst besser kennenzulernen, um dein Selbstvertrauen zu vertiefen und um deine Ziele zu erreichen, brauchst du Selbstverantwortung. Sie macht den Unterschied zwischen jemandem, der sich als passives Opfer fühlt, und jemandem, der das eigene Leben aktiv gestaltet und tatkräftig handelt.

ÜBUNG: WAS IST SELBSTVERANTWORTUNG?

Nimm dir Zeit, um dir folgende Fragen zu stellen und zu überlegen:

1. Was verbindest du mit dem Begriff »Selbstverantwortung?«
2. Was glaubst du, warum Selbstverantwortung so wichtig ist?

Wenn du möchtest, kannst du die Antworten wieder ins Notizbuch schreiben.

Wirkliche Selbstverantwortung ist eine innere Einstellung und bedeutet, dass du dein eigenes Leben bewusst in die Hand nimmst. Du entscheidest, wohin die Reise gehen soll. Du handelst, stehst für die Ergebnisse deines Denkens, Fühlens und Handelns ein und brauchst keine Ausreden mehr!

Andere Menschen können dich auf deinem Weg unterstützen, dir zur Seite stehen, doch letztlich kann dir niemand sagen, was für dich stimmig ist. Jeder geht seinen eigenen Weg, der sich beim weiteren Fortschreiten immer mehr offenbart.

Selbstverantwortliches Denken und Handeln bringt dir sehr viele Vorteile:

- Du bist in deiner Kraft und Stärke.
- Du bist klar in dem, was du willst, sagst und tust.
- Du bist zuverlässig – andere können dich einschätzen und sich auf dich verlassen.
- Du stehst für dich ein.
- Du packst die Dinge an und bleibst bis zum Abschluss »am Ball«.
- Du nimmst unerwartete Hürden als sportliche Herausforderung an und weißt: »Es gibt immer eine Lösung, auch wenn ich sie im Moment noch nicht habe.«
- Du akzeptierst die jeweiligen Konsequenzen deines Handelns – egal, ob sie positiv oder negativ sind.
- Du wirst für deine Haltung wertgeschätzt und geachtet.

Nicht zu vergessen: Selbstverantwortung gibt dir ein gutes Gefühl, schenkt dir Kraft, Energie und Zufriedenheit. Du bist engagiert bei der Sache, und du weißt, wofür du etwas tust und dass es sich langfristig lohnt.

Wofür bist du verantwortlich?

Jeder Mensch nimmt die Welt, Situationen, andere Menschen und sich selbst auf die eigene Weise wahr und bewertet sie entsprechend. Das bedeutet, dass du als Erwachsener dafür verantwortlich bist, was und wie du denkst, was und wie du fühlst. Und selbst wenn du dich als Opfer fühlst oder Dramen kreierst, wer ist dafür verantwortlich, dass du so denkst? Du selbst. Du bist dafür verantwortlich, wie gut du für deinen Körper und deine Gesundheit sorgst, wie du dich entscheidest, wie du handelst, und hast mit den jeweiligen Folgen zu leben. Du bist auch verantwortlich dafür, wenn du dich nicht entscheidest und nicht handelst. Du bist verantwortlich dafür, wo und wie du dich engagierst, wie viel du dir zumutest und wo die Grenzen deiner Belastbarkeit sind. Du bist verantwortlich dafür, wenn dir etwas gelungen oder misslungen ist.

Wie unterschiedlich Menschen eine Situation bewerten, zeigt folgendes Beispiel: Der eine betrachtet eine Situation und sagt: »Routine, ich weiß, was zu tun ist.« Der Nächste schaut auf die gleiche Situation und sagt: »Spannend, Herausforderung!« Und der Dritte sagt: »Oh – das ist ein Problem.« Und wer hat nun recht? Jeder von seiner eigenen Warte!

Wenn du ein Problem hast, denn ist das deine Bewertung einer Situation. Und wer ist dafür verantwortlich, wie du eine Situation bewertest? Du. Der erste und wichtigste Schritt, um ein Problem zu lösen, ist: die volle Verantwortung dafür zu übernehmen, dass du eine Situation als Problem betrachtest. Denn nur dann kannst du ein smartes Ziel daraus entwickeln (siehe das Kapitel »Probleme in smarte Ziele verwandeln«), die Perspektive radikal wechseln und wissen, was du willst.

Wenn du selbstverantwortlich denkst und handelst, machst du dich unabhängig von anderen Menschen. Du verbiegst dich nicht mehr, um von allen gemocht und anerkannt zu werden. Wenn sie es tun – schön. Wenn sie es nicht tun, dann geht die Welt nicht unter, *und* du behältst dennoch dein gutes Gefühl, weil du zu dir stehst.

Fallbeispiel: Die Beförderung

Eine Coachingkundin hat mir erzählt, dass sie sich als Führungskraft jahrelang erfolgreich für das Unternehmen eingesetzt hatte. Sie hatte erhofft, dass ihr Chef ihr von sich aus den Aufstieg in die nächste Hierarchieebene anbieten würde. Weil dies jedoch nicht passierte, wurde sie zunehmend unzufrieden. Schließlich traute sie sich, zu ihrem Chef zu gehen und über ihr Anliegen zu reden. Und siehe da – zu Beginn des Jahres ist sie befördert worden. Sie hatte Verantwortung für sich selbst übernommen.
Was sie anderen empfiehlt? »Trau dich, über das zu reden, was du möchtest! Mehr als eine Absage kannst du nicht kassieren!«

Selbstverantwortung im Gespräch

Wenn du mit jemandem eine Meinungsverschiedenheit hast, passiert es oft, dass im Lauf eines Gesprächs Stress entsteht. Das rationale Denken weicht zurück, Gefühle dominieren, gegenseitige Verletzungen können entstehen.

Damit es gar nicht erst so weit kommt, ist es zielführend, frühzeitig den eigenen Anteil an einem möglichen Aufschaukeln der Situation zu erkennen. Mach dir klar, dass du für deine Sicht der

Dinge verantwortlich bist und der andere für seine Sicht. Das ist eine gute Basis, auf der du aufbauen kannst. Atme ein paarmal langsam und tief durch, damit du dich wieder entspannen und bei dir sein kannst. Dann kannst du dich fragen: »Was ist mir wichtiger: die Beziehung oder recht zu haben?« Und: »Wie können wir uns jetzt wertschätzend austauschen, wobei jede Meinung gleichwertig zählt?«

Fallbeispiel: Der Beginn eines schönen Abends

Eine Coachingkundin erzählte folgendes Beispiel dazu. Sie sei von der Arbeit nach Hause gekommen, und ihr Mann habe in giftigem Ton gesagt: »Du hast vergessen einzukaufen.«
Früher hätte sie sich bei solchen Situationen verteidigt und viele Rechtfertigungen für ihr Verhalten geliefert. Ihr Mann sei dann stets mit neuerlichen Schuldzuweisungen gekommen, sodass die Stimmung am Abend nicht besonders friedlich gewesen sei. Dieses Mal jedoch habe sie daran gedacht, dass sie für ihren Anteil an einer Situation selbst verantwortlich sei. Sie habe ihn angelächelt und einfach nur gesagt: »Stimmt.« Er habe verdutzt geschaut und ebenfalls gelächelt. Dies sei der Beginn eines schönen Abends gewesen.

Selbstverantwortung macht stark. Sie gibt dir positive Power und motiviert dich, für deine Entwicklung »am Ball zu bleiben«. Sie hilft dir, deine Gedanken und Gefühle zu regulieren und wertschätzend mit dir selbst und mit anderen umzugehen.

Dennoch ist Selbstverantwortung kein Selbstläufer. Sie braucht immer wieder deine bewusste Selbstwahrnehmung und Achtsamkeit, besonders in stressigen Situationen. Denn dann greift der Verstand gern auf alte Verhaltensmuster zurück, benutzt die gängigen Schutz- und Abwehrstrategien mit dem Effekt, dass du dich um deine Selbstverantwortung drückst und damit in deiner Komfortzone bleibst! Gut, wenn du dies bemerkst, denn dadurch gewinnst du Abstand, bist wieder gegenwärtig und kannst dich bewusst für die Belange einsetzen, die dir wirklich wichtig sind.

Mit der Klarheit und Energie der Selbstverantwortung fällt es dir immer leichter, dich neugierig auf Neues einzulassen. Warum Neugier in Zukunft eine größere Rolle spielen wird und selbst kleine Erfolge gebührend zu würdigen sind, darum geht es im nächsten Kapitel.

Neugier, Motivation und kleine Erfolge

Mit einem Cocktail aus
Neugier und Ideen,
Mut, Freude und Tatkraft,
Klarheit und Disziplin,
Liebe und Mitgefühl
kannst du Berge versetzen!

G. P.

Wer neugierig ist, der hat gut lachen, denn Neugier ist eine Qualität, die in Zeiten rascher Veränderungen und umwälzender Entwicklungen sowohl für den Einzelnen als auch für Unternehmen zunehmend an Bedeutung gewinnt. Neugierige Menschen sind grundsätzlich inspiriert und interessiert. Sie stellen sich Fragen wie diese:

- »Warum ist das so, und muss es so bleiben?«
- »Was kann ich anders machen, damit es noch besser wird?«
- »Was kann ich heute lernen?«
- »Welche Qualitäten werden in meinem Beruf in Zukunft gebraucht?«
- »Welche Stärken habe ich, wo will ich mich unbedingt weiterentwickeln?«
- »Was bin ich bereit, dafür zu tun?«
- »Wer kann mich auf meinem Weg unterstützen?«

Neugierige Menschen haben die Fähigkeit zu staunen, sie sind begeisterungsfähig und wissbegierig, wollen Zusammenhänge verstehen, Dinge begreifen und einordnen. Sie erkennen schnell gute Gelegenheiten, neue Möglichkeiten und sind auf der Suche nach innovativen Lösungen für aktuelle Themen. Ihre Neugier drängt sie automatisch dazu, immer wieder ihre Komfortzone zu verlassen, ein Risiko einzugehen und über sich hinauszuwachsen. Sie sind bereit, sich mutig und flexibel auf Veränderungen und das jeweilige Thema einzulassen. Dabei sind sie fokussiert, betrachten Fehler als Möglichkeit, etwas zu verbessern, sehen Hindernisse als Chance, um zu wachsen, und bleiben für ihre Ziele »am Ball«.

Den Neugierigen ist es ein inneres Bedürfnis und Anliegen, sich weiterzuentwickeln, Kompetenzen zu erwerben und ihr Können einzubringen. Da sie intrinsisch – das heißt aus sich selbst heraus – motiviert sind, haben sie gute Chancen, im Beruf erfullt und erfolgreich zu sein. Wer neugierig ist, ist offener für andere Menschen, findet schneller Anschluss. Er ist an den Ideen anderer und an gemeinsamem Austausch interessiert. Dadurch entsteht – besonders in der Arbeit – ein Gefühl der Wertschätzung, Sicherheit und Verbundenheit. Dies fördert spontane Ideen und führt im Idealfall dazu, dass alle zusammen an einem Strang ziehen, sich gegenseitig unterstützen und dadurch immer wieder zu überraschenden Ergebnissen kommen.

Fallbeispiel: Die »Neugier-Studie«

Die Firma Merck aus Darmstadt, ein globales Wissenschafts- und Technologieunternehmen, hat 2018 eine interessante Studie zum Thema »Neugier am Arbeitsplatz« durchführen lassen. Die Kernthese dabei lautet: Kein Unternehmen kann es sich in Zukunft mehr leisten, auf die Kraft der Neugier zu verzichten. In den

Ergebnissen der Studie zeigte sich, dass die neugierigsten Mitarbeiter diejenigen mit dem größten Innovationspotenzial waren. Neugierige Menschen zeichnen sich übereinstimmend durch folgende Merkmale aus:

- *Sie haben Freude daran, Neues zu entdecken und dazuzulernen.*
- *Sie sind motiviert, Wissenslücken zu schließen und Probleme zu lösen.*
- *Sie sind offen für die Ideen anderer und interessieren sich für neue Lösungen.*
- *Sie verfügen über eine Anspannungstoleranz; das heißt, sie sind bereit, mit Komplexität, aber auch mit Unsicherheiten und Anspannungen umzugehen.*[26]

Und nicht zu vergessen: Neugier aktiviert das Belohnungssystem und sorgt für gute Gefühle, genau wie Erfolge.

Der »schlechte Ruf« der Neugier

Neugier kann aber auch schädlich sein, dann nämlich, wenn jemand ein »Neugier-Junkie« ist, dem es nur noch darum geht, gierig nach Neuem zu suchen und sich so den nächsten Belohnungskick zu holen. Dies kann beispielsweise durch distanzloses, grenzüberschreitendes Fragen geschehen, durch wagemutige Sportarten oder durch Seitensprünge. Die Aufmerksamkeit kann sich auch in alle möglichen Richtungen zerstreuen. Hauptsache, etwas ist neu – und wenn es nur die neuen Nachrichten auf Twitter und Facebook sind oder der neueste Klatsch aus der Welt der Promis.

Leider wird Neugier unter anderem aus diesem Grund oft noch negativ bewertet und mit Naivität und kindlichem Verhalten gleichgesetzt. Zu Unrecht! Denn hier ist eine ganz andere Neugier gemeint. Wenn du kleine Kinder beim Spielen beobachtest, kannst du wunderbar sehen, wie sie über die einfachsten alltäglichen Dinge staunen, wie sie lebendig, experimentierfreudig, mit ganzem Herzen und voller Hingabe bei ihrem Tun sind. Spätestens wenn Kinder ständig »Was ist das?« oder »Warum?« fragen, dann weißt du, wie neugierig sie sind: Sie stellen viele Selbstverständlichkeiten infrage und decken ungewöhnlich interessante Verknüpfungen auf, bei denen du aufgefordert bist, dir Gedanken darüber zu machen. So fragte der Sohn eines Nachbarn neulich: »Warum fällt der Mond nicht vom Himmel?« Und: »Woher weiß der Mond, dass es Nacht ist?« Das ist die Art von Fragen, die »Querdenker« sich stellen, um Lösungen zu finden und uns mit Innovationen zu bereichern, die mit eingeschliffenen Denkmustern nie das Licht der Welt erblickt hätten.

Durch Neugier wirst du mutiger, »dein Ding zu machen«, was immer das sein mag. Wie in den Kapiteln über die Komfortzone schon beschrieben wurde, spürst du jedes Mal an der bisherigen Grenze deiner Gewohnheiten Stresssymptome, die du entweder als Unsicherheit oder jetzt als Neugier auf Neues bewerten kannst. Du bist motiviert, mutig und bereit, dich mit deinen Talenten auf ungewohnte Situationen einzulassen.

Kleine Erfolge feiern

Deine Wissbegierde hilft dir, klar und zuversichtlich einen Schritt nach dem anderen ins Neuland zu gehen und immer wieder dazuzulernen. Danach gilt es, deinen Erfolg, und sei er noch so klein, zu feiern. Erfolge müssen angemessen gewürdigt werden, damit sie vom Gehirn besser wertgeschätzt und verankert werden.

Wie kann das aussehen? In einem Training erzählte eine Teilnehmerin, dass sie in ihrer Abteilung kleine Erfolge feiern, zum Beispiel indem abwechselnd einer am Freitag Kuchen mitbringt. Dann feiern sie gemeinsam, dass die Woche gut abgeschlossen wurde, und erzählen sich gegenseitig, welchen Beitrag jeder geleistet hat.

In einem anderen Training brachte eine Teilnehmerin am zweiten Tag für jeden ein Überraschungsei mit und sagte: »Vielen Dank für die gute Zusammenarbeit. Das muss gefeiert werden.« Durch diese kleine, aber unerwartete Geste stieg die gute Laune der ganzen Gruppe, und die Zusammenarbeit machte noch mehr Spaß.

Du kannst einen kleinen Erfolg natürlich auch allein genießen, indem du dir eine Stunde der Ruhe gönnst oder meditierst, einen Wellnessnachmittag machst, ein interessantes Buch liest … Tu, was immer für dich stimmig ist, in dem Wissen, dass dein Engagement nicht selbstverständlich ist und von dir selbst gewürdigt werden will.

ÜBUNG: WAS WÄRE, WENN …?

Stell dir einmal folgende Fragen, und lass anschließend deiner Fantasie freien Lauf:

1. Was wäre, wenn du heute zu 10 Prozent neugieriger wärst als gestern? Was würde sich für dich dadurch verändern?
2. Was wäre, wenn du heute bewusst etwas unternimmst, das du dir gestern noch nicht zugetraut hast? Was würde sich für dich dadurch verändern?

ÜBUNG: NEUGIER WECKEN DURCH FRAGEN

Statt in den gewohnten Denkmustern zu verbleiben, kannst du dir wie folgt Fragen stellen, um neue Perspektiven zu finden:

1. Wenn du denkst: »Das geht so nicht!«, dann frag dich: »Wie könnte es gehen?«
2. Wenn du denkst: »Warum soll ich das machen?«, dann frag dich: »Warum nicht?« Oder: »Was spricht dafür, dass ich das mache?«
3. Wenn du denkst: »Das ist nicht gut!«, dann frag dich: »Was kann ich ändern, damit es gut wird?«
4. Wenn du denkst: »Ich schaff das nicht!«, dann frag dich: »Was könnte ich schaffen?«

In dem nachfolgenden Interview mit Viola Groß erfährst du nun, wie wichtig ihr Freude, Sicherheit, aber auch Neugier, Kommunikation und Verbundenheit sind.

Interview mit Viola Groß

Viola Groß, 36, ist festangestellte Vertriebsmitarbeiterin in einem Modekonzern.

Gabi Pörner: Was bist du von der Ausbildung her?

Viola Groß: Ich bin Textilbetriebswirtin und seit acht Jahren in der Modebranche tätig. Ich bin im Vertrieb für Kollektionen an den Einzelhandel.

Gabi: Was interessiert dich an deinem Beruf?

Viola: Mode hat mich immer interessiert. Es macht mir Spaß, wenn Menschen sich über Mode ausdrücken und sich auf unterschiedliche Weise zeigen können. Mein Beruf ist vielseitig, hat mit Menschen zu tun. Ich kann viel reisen und gehe auf Messen.

Gabi: Du klingst so professionell. Bist du nie unsicher in dem, was du tust?

Viola: Doch, besonders am Anfang, ich hatte wenig Ahnung.

Gabi: Wodurch hast du Sicherheit gewonnen?

Viola: Ich bin viel mit Kollegen mitgegangen und habe mir von ihnen abgeschaut, wie sie mit Kunden umgehen, was sie konkret sagen. Ich habe sie viel gefragt, viel zu meinem Thema gelesen, mich informiert und habe Kunden gefragt, worauf sie im Umgang mit unserer Firma und mir Wert legen.

Gabi: Was ist dir im Umgang mit Kunden wichtig?

Viola: Mir ist privat wie beruflich Zuverlässigkeit wichtig. Wenn ich Dinge verspreche, dann halte ich sie auch. Ich betrachte einen Kunden als Partner, mit dem ich eine Partnerschaft eingehe. Er muss wissen, was er von mir erwarten kann, dass ich auch kulant sein kann, dass ich ihm entgegenkomme, wenn er etwas braucht. Das schätzen Kunden.

Gabi: Zweifelst du auch jetzt noch manchmal an dir?

Viola: Ja, natürlich. Zum Beispiel spreche ich mit einem möglichen Kunden, nehme mir viel Zeit, zeige ihm alles. Doch dieser entscheidet sich dann, nichts zu kaufen. Da stelle ich mir schon die Frage, ob es mit mir zu tun hat, ob ich etwas hätte besser machen können. Ich lasse mich auch von anderen verunsichern, wenn sie mir gegenüber abweisend auftreten. Dann frage ich mich, ob möglicherweise mein Verhalten der Auslöser war.

Gabi: Das wirkt sehr reflektiert.

Viola: Ja, sicher. Ich will mich ja verbessern, da muss ich über mein eigenes Verhalten immer wieder nachdenken. Inzwischen weiß ich aber, dass vieles nichts mit mir zu tun hat.

Gabi: Was machst du dann, wenn jemand dir gegenüber skeptisch auftritt?

Viola: Das passiert speziell bei Neukunden, die mich nicht kennen. Ich nehme wahr, dass sie aus ihren eigenen Gründen verunsichert sind, und versuche dann, so gut ich kann, die Person abzuholen und ihr das Gefühl zu geben, dass ich für ihre Anliegen offen bin, sodass sie mir vertrauen können.

Gabi: Kommunikation scheint dir sehr wichtig zu sein.

Viola: Ja. Offenheit im Gespräch, zuhören können, erfahren, was sie brauchen, das ist extrem wichtig. So kann ich auf sie eingehen.

Gabi: Ist dir denn dabei schon einmal ein Fehler passiert?

Viola: Ja, als ich bei einer Order eines Kunden einen falschen Preis aufgeschrieben habe. Der Schaden für die Firma betrug über achttausend Euro. Das war furchtbar peinlich für mich. Ich habe mir sehr viele Vorwürfe gemacht, aber mein Chef war sehr verständnisvoll.

Gabi: Was hast du daraus gelernt?

Viola: Ich habe gemerkt, dass ich die Dinge schnell erledigt haben wollte und dass Schnelligkeit zu Flüchtigkeitsfehlern führt. Seither bin ich achtsamer, sodass ich Dinge in Ruhe erledigen und noch mal überprüfen kann.

Gabi: Welche Rolle spielt bei dir Neugier?

Viola: Bei mir muss zu dem Bekannten immer auch etwas Neues dabei sein. Ich will jeden Tag etwas dazulernen und interessiere mich für Entwicklungen in meinem Bereich, die es früher in der Geschwindigkeit nicht gab, zum Beispiel Social Media, E-Commerce. Wir merken in meiner Branche den Wandel der Generationen. Die Jungen verhalten sich komplett anders als die Älteren.

Gabi: Hast du ein Beispiel dazu?

Viola: Vor fünf bis zehn Jahren gab es jedes Jahr die Handtasche für Modebewusste. Die war teuer, ein Statussymbol. Das interessiert die jungen Leute heute nicht mehr. Sie wollen nicht mehr so viele Sachen in ihren Wohnungen rumstehen haben. Sie wollen lieber eine schöne Zeit haben, gehen zum Sport oder in die Natur.

Gabi: Gesellschaftliche Trends interessieren dich.

Viola: Ja, ich will Menschen und ihre Beweggründe verstehen, damit ich mir die Zukunft meiner Branche möglichst schon vorstellen und mit meinen Kollegen darüber reden kann. Dafür lese ich viel, recherchiere im Internet, schaue, was sich im Ausland in meiner Zunft tut, gehe auf Messen, rede mit Kunden.

Gabi: Das hört sich sehr aktiv an. Woher holst du dir deine Kraft?

Viola: Ich freue mich über gute Gespräche und Kontakte und bin dankbar für die Zeit mit meinem Freund und meinen Freundinnen. Ich liebe die Natur, fahre gern zum Starnberger See, gehe dort spazieren und treffe mich zum Sonnenuntergang mit Freunden.

Gabi: Ja dann – viel Spaß und danke für das offene Gespräch.

Neugier treibt dich an, bisherige Gewissheiten infrage zu stellen und nach vorn zu gehen. Sie weckt das unbedingte Bedürfnis, »die Welt« zu entdecken, sie zu erforschen und immer wieder über bisherige Grenzen hinauszuwachsen. Wer neugierig ist, stellt sich schneller auf unerwartete, neuartige Situationen ein, kann leichter improvisieren und konstruktive Lösungen finden, frei nach dem Motto Pippi Langstrumpfs: »Der Sturm wird stärker – ich auch!«

Du gehst deinen ureigenen Weg, der mit keinem anderen Weg vergleichbar ist, und bist auf deiner eigenen Reise. Im nächsten und abschließenden Kapitel unseres gemeinsamen Weges lernst du die »Heldenreise« von Joseph Campbell kennen, die viel mit deiner eigenen Reise zu tun hat.

Die Heldenreise – It's my life!

Deine Schönheit entfaltet sich zur vollen Blüte,
wenn dein Potenzial zur Wirklichkeit wird
und dein Sein
deine Handlungen durchdringt.

G. P.

Während du dieses Buch durchgearbeitet hast, hast du eine innere Reise unternommen, die in diesem Rahmen bald zum Abschluss kommt. Du weißt, wie wichtig bewusste Selbstwahrnehmung und Achtsamkeit für ein erfülltes und erfolgreiches Leben sind. Du hast dich selbst besser kennenlernen, an Sicherheit, Klarheit und Vertrauen gewinnen können, sodass du jetzt mit der positiven Power der Selbstverantwortung und neugierig auf Neues über deine bisherigen Grenzen hinauswachsen, deine Ziele umsetzen und dein Potenzial noch weiter entfalten kannst. Du weißt, wie du eine gute Verbindung zu dir, aber auch zum anderen aufbaust, wie du zielführend Konflikte löst und wertschätzend und liebevoll mit Zweifeln, dem inneren Kritiker und deinem »verletzten inneren Kind« umgehen kannst.

Konzentrier dich auf deine Stärken! Finde immer wieder gute Gründe, warum du etwas tun willst, und dann tu, was für dich stimmig ist! Es lohnt sich in jedem Fall!

Abschließend möchte ich dir die »Heldenreise« vorstellen, die sehr viel mit deiner eigenen Geschichte zu tun hat. Schließlich bist du Heldin oder Held in deinem eigenen Leben und gehst deinen eigenen Weg, in deinem eigenen Tempo, in deiner eigenen Zeit. Du hast deine eigenen Entwicklungschancen und kannst gerade an deinen Herausforderungen, deinen Zweifeln und Unsicherheiten über dich hinauswachsen. Doch so unterschiedlich die Wege auch sein mögen, letztendlich folgt jeder Weg bestimmten Regeln. Wenn du diese kennst, kannst du deine eigenen Erfahrungen noch besser verstehen und einordnen.

Das Motiv der »Heldenreise« geht auf Joseph Campbell[27] zurück. Er war ein bekannter amerikanischer Mythologe und Dozent, der die verschiedensten Heldensagen und religiösen Mythen untersucht hat. Dabei hat er Gemeinsamkeiten entdeckt und sie als »Heldenreise« zusammengefasst. Diese grundlegende Struktur ist bis heute auch in guten Filmen erkennbar.

Ausgangspunkt und Endpunkt der Reise ist nach diesem Muster ein vertrauter Ort – oft die Heimat. Die Heldenreise[28] beginnt also im sicheren, gewohnten Umfeld, sie beginnt in der Komfortzone. Da weißt du, was gut und schlecht, richtig und falsch ist. Da kennst du dich aus. Nun gibt es zwei Möglichkeiten zu wachsen: Entweder spürst du, dass du dem »Ruf des Abenteuers« folgen musst, dass es für dich Zeit wird, das bekannte Umfeld zu verlassen, neugierig deinen eigenen Weg zu gehen und deine Potenziale zu entfalten – oder du wirst durch ein äußeres Ereignis genötigt, das vertraute Umfeld zu verlassen, und mit etwas Unbekanntem konfrontiert. In beiden Fällen gehst du ein paar Schritte, doch dann kommt die Angst vor Neuem. Du zweifelst und findest alle möglichen Schutz- und Abwehrstrategien, um nichts ändern zu müssen. Dein innerer Kritiker, vor allem aber auch äußere Kritiker wie Freunde und Verwandte spielen mit deiner Unsicherheit und warnen dich davor, etwas Neues zu unternehmen.

Doch du kannst nicht stehenbleiben und begegnest einem weisen »Mentor«, der den Weg selbst schon beschritten und durchlebt hat. Dieser ermutigt dich, neugierig dem Ruf des Abenteuers zu folgen, dich weiterzuentwickeln und deinen eigenen Weg zu gehen. Das gibt dir Kraft und Mut, deine bisherige Grenzen zu überschreiten und dich ins Neuland zu begeben. Jetzt kannst du nicht mehr umkehren. Du fühlst dich befreit und atmest auf, dass du dich auf den Weg gemacht hast. Doch es dauert nicht allzu lange, bis die ersten Bewährungsproben kommen.

Jedes überwundene Hindernis stärkt deine Sicherheit und vertieft dein Selbstvertrauen. Du lernst neue Menschen kennen, bist aufgefordert, dich neu zu orientieren, dich auf ungewohntem Terrain zurechtzufinden. Du lernst neue Regeln kennen, neue Dinge zu tun, ungewohnt ehrlich zu sprechen. So bekommst du Klarheit darüber, wer es gut mit dir meint und wer nicht. Du tauchst immer mehr in die neue Welt ein. Manchmal zweifelst du, bist ungeduldig und hast immer wieder innere und äußere Herausforderungen zu meistern. Du bist gezwungen, manches loszulassen, damit du dich weiterentwickeln kannst.

Schließlich kommst du an einen Punkt, an dem du nicht weiterweißt und akzeptierst, dass die Situation so ist, wie sie ist. Danach entspannt sich etwas in dir. Du siehst klar, dein Herz öffnet sich, und du versöhnst dich mit dem, was war. Nun weißt du, was für dich wichtig ist, bewährst dich in einer alles verändernden, entscheidenden Situation und bist bereit, die Konsequenzen zu tragen.

Danach kannst du dich für all deine Strapazen auf dem Weg belohnen. Du bist umgewandelt, fühlst dich lebendig, kraftvoll, sicher und voller Selbstvertrauen. Du hast viel dazugelernt, hast die Verantwortung für dein Leben übernommen und machst dich auf den Heimweg.

Bei einer letzten Herausforderung werden deine neu gewonnenen Qualitäten getestet. Hast du auch diese Prüfung bestanden, so hast du zu deinen alten Stärken auf deinem Weg neue Erkenntnisse und Fähigkeiten hinzugewonnen und in dein Leben integriert. Du überschreitest nun die Schwelle, die dich in den

Alltag zurückführt. Du kehrst transformiert zu deinem Heimatort, deinem Ausgangspunkt zurück. Jetzt kannst du mitfühlend dein Wissen mit anderen teilen, voller Hingabe dem größeren Ganzen dienen und wirst von deinem Umfeld anerkannt.[29]

Ich wünsche dir für deine weitere Reise viel Energie und Ausdauer, alles Gute und freue mich, wenn du von dem Buch profitiert hast, wenn du weiter dein Potenzial entfaltest und dich neugierig für deine Entwicklung einsetzt.

Und wenn dir ein »großartiger Fehler« passiert, dann weißt du, dass dein Gehirn gerade etwas dazulernt!

Liebe Grüße,
Gabi Pörner

Danksagung

Zuallererst danke ich dir für deine Bereitschaft und deine Offenheit, dich auf das Buch einzulassen. Du kannst nun das noch gezielter umsetzen, was für dich stimmig ist. Ich bin sehr dankbar, dass ich Maria Rosario, Viola Groß, Sascha Benecken und Martin Gruber interviewen durfte, und weiß, dass es nicht selbstverständlich ist, so offene und ehrliche Antworten zu bekommen. Mein Dank gilt allen Trainingsteilnehmer*innen und Coaching-Kund*innen, die vertrauensvoll über ihre Themen gesprochen und mir gezeigt haben, dass wir alle letztlich im selben Boot sitzen und miteinander verbunden sind. Auf meinem Weg hatte ich verständnisvolle Lehrer und Lehrerinnen, die mich inspirierten, meine Selbstwahrnehmung zu schulen, die Komfortzone immer wieder zu verlassen, die Bedeutung des Körpers zu verstehen und Achtsamkeitsübungen in mein Leben zu integrieren. Sie alle haben mich gelehrt, dass jeder Mensch einzigartig ist, mit besonderen Begabungen und Herausforderungen. Besonders bedanke ich mich bei Frau Stuhldreier, die mich ermutigte, dieses Buch zu schreiben, und Frau Czech für ihre Geduld! Weiter danke ich meinen Kolleginnen Susanne Ehrenspeck und Carola Frank für den regen Austausch und meinen Freundinnen und Freunden für ihre Unterstützung und ihr Verständnis.

Danke!

Verzeichnis der Übungen

Hier bekommst du eine gesonderte Zusammenstellung der Übungen, sodass du sie gezielt wiederholen und vertiefen kannst.

Nimm dir für die Übungen so viel Zeit, wie du brauchst. Bei einigen ist allerdings eine empfohlene Mindestdauer angegeben.

Literatur

Boroson, Martin: *Ein Moment reicht. Ruhe finden in der Hektik des Alltags,* Bielefeld 2015

Brown, Brené: *Verletzlichkeit macht stark,* München 2017

Campbell, Joseph: *Der Heros in tausend Gestalten,* Berlin 2011

Dana, Deb: *Die Polyvagal-Theorie in der Therapie. Den Rhythmus der Regulation nutzen,* Lichtenau 2019

Kabat-Zinn, Jon: *Gesund durch Meditation. Das große Buch der Selbstheilung,* München 2011

Kraaz von Rohr, Ingrid, und Gabi Pörner: *Das Phoenix-Prinzip. Die Kunst, sich selbst zu retten,* Berlin 2012

Osho: *BewusstSein. Beobachte, ohne zu urteilen,* Berlin 2004

Parsons, Tony: *Diese Freiheit. Worte weisen auf das Wortlose,* Bielefeld 2016

Porges, Stephen W.: *Die Polyvagal-Theorie und die Suche nach Sicherheit. Traumabehandlung, soziales Engagement und Bindung,* Lichtenau 2019

Pörner, Gabi: *Der Weg zur Gelassenheit. Positiv mit Druck und Stress umgehen,* Berlin 2017

–, *Nein sagen will gelernt sein. Erfolgreich Grenzen setzen,* Berlin 2013

Tolle, Eckhart: *Jetzt! Die Kraft der Gegenwart,* Bielefeld 2010

Tulku, Tarthang: *Aus dem Herzen gesprochen. Weisheiten eines tibetischen Lama für Menschen aus dem Westen,* Köln 2007

Anmerkungen

1 Vgl. Duden: *Deutsches Universal Wörterbuch A–Z,* Mannheim u. a. 1996; https://de.wikipedia.org/wiki/Zweifel, Zugriff: 13.4.2020.
2 »Trump droht Türkei in abstrusem Tweet mit wirtschaftlicher Zerstörung«, *Der Tagesspiegel,* 7.10.2019, https://www.tagesspiegel.de/politik/meine-grossartige-und-unvergleichliche-weisheit-trump-droht-tuerkei-in-abstrusem-tweet-mit-wirtschaftlicher-zerstoerung/25092598.html, Zugriff: 14.4.2020.
3 Vgl. Gabi Pörner: *Der Weg zur Gelassenheit. Positiv mit Druck und Stress umgehen,* Berlin 2017.
4 Vgl. hierzu Ingrid Kraaz von Rohr und Gabi Pörner: *Das Phoenix-Prinzip. Die Kunst, sich selbst zu retten,* Berlin 2012.
5 Siehe Aphorismen.de: »44 Zitate von Thomas Alva Edison«, https://www.aphorismen.de/suche?f_autor=1159_Thomas+Alva+Edison&seite=3, Zugriff: 15.4.2020.
6 Gutezitate.com: »Zitat von Thomas Alva Edison«, https://gutezitate.com/zitat/153082, Zugriff: 15.4.2020.
7 Vgl. NLP-Zentrum Berlin: »Lernebenen«, https://nlp-zentrum-berlin.de/infothek/nlp-glossar/lernebenen, Zugriff: 16.4.2020.
8 Jörg Blech: »Die Heilkraft der Mönche«, *Der Spiegel* 48/2008, S. 144–156.
9 Martin Boroson: *Ein Moment reicht – Ruhe finden in der Hektik des Alltags,* Bielefeld 2015.
10 Stephen W. Porges: *Die Polyvagal-Theorie und die Suche nach Sicherheit. Traumabehandlung, soziales Engagement und Bindung,* Lichtenau 2019.
11 Deb Dana: *Die Polyvagal-Theorie in der Therapie. Den Rhythmus der Regulation nutzen,* Lichtenau 2019.
12 Ulrike Stahl: »Scheitern ist keine Option. Wirklich nicht? Psychologische Sicherheit und Erfolg in Teams mit diversen Persönlichkeiten«, *Praxis Kommunikation* (Junfermann) 05/2019.

13 Nach Dana, a. a. O., S. 33.
14 Vgl. Silvia Heidenreich: »Tiere im Seniorenheim – Tiertherapeutische Maßnahmen im Altersheim werden immer beliebter«, https://www.welches-haustier.de/tiere-im-seniorenheim.html, Zugriff 21.4.2020.
15 Der Begriff »Flow« (»Fließen, Strömen«) bezeichnet das Gefühl eines mentalen Zustands völliger Vertiefung und restlosen Aufgehens in einer Tätigkeit, die wie von selbst vor sich geht, was als beglückend empfunden wird, vgl. https://de.wikipedia.org/wiki/Flow_(Psychologie), Zugriff: 22.4.2020.
Vgl. auch Mihály Csíkszentmihályi: *Flow. Das Geheimnis des Glücks*, Stuttgart, 6. Aufl. 1998.
16 Vgl. Gabi Pörner: *Nein sagen will gelernt sein. Erfolgreich Grenzen setzen*, Berlin 2013.
17 Lennart Pyritz: »Warum wir die Hände schütteln«, 23.11.2016, https://www.spektrum.de/news/begruessungsrituale-sind-kulturell-verschieden/1430344, Zugriff: 24.4.2020.
18 Vgl. Lukas Egloff und Leandra L. Gassmann: »Fremden vertrauen dank Oxytocin«, Universität Zürich, 25.5.2011, https://www.news.uzh.ch/de/articles/2011/fremden-vertrauen-dank-oyxtocin.html%20), Zugriff: 24.4.2020.
19 Ellen Schweda: »Haptik-Forscher: ›Ohne Berührungen können wir nicht leben‹«, MDR Kultur, 19.6.2019, https://www.mdr.de/kultur/themen/tastsinn-interview-martin-grunwald-100.html, Zugriff: 24.4.2020.
20 Stefanie Kara: »Oxytocin: Unsere Wunderdroge«, *Zeit Online* 31.3.2016, https://www.zeit.de/2016/15/oxytocin-hormon-gehirn-forschung/seite-4, Zugriff: 26.5.2020.
21 Nikolaus Förster und Jonas Hetzer: »Du musst teilen«, *Impulse*, Februar 2018.
22 Vgl. »EKD-Chefin tritt von allen Ämtern zurück«, *Spiegel Online*, 12.2.2010, https://www.spiegel.de/panorama/gesellschaft/alkohol-am-steuer-ekd-chefin-kaessmann-tritt-von-allen-aemtern-zurueck-a-680058.html, Zugriff: 24.4.2020.

23 Klaus Bellstedt: »Mehr Tragik geht nicht«, *Stern.de,* 20.5.2012, https://www.stern.de/sport/fussball/schweinsteiger-verschiesst-elfmeter-mehr-tragik-geht-nicht-3847044.html, Zugriff: 23.4.2020.

24 Daniel Rettig: »Voll ins Fettnäpfchen – Warum Missgeschicke sympathisch machen«, 29.9.2011, https://www.alltagsforschung.de/voll-ins-fettnapfchen-warum-missgeschicke-sympathisch-machen, Zugriff: 24.4.2020.

25 Verena Friederike Hasel: »Reise ins Bildungswunderland«, *Zeit Online,* 24.7.2019, https://www.zeit.de/2019/31/neuseeland-bildungspolitik-schulsystem-unterricht-foerderung, Zugriff: 24.4.2020.

26 Merck KGaA, Group Communications: »Seien Sie neugierig. Neugier-Studie 2018«, Januar 2019, https://www.merckgroup.com/company/de/Merck-Neugier-Studie-2018.pdf, Zugriff: 16.4.2020.

27 Joseph Campbell: *Der Heros in tausend Gestalten,* Berlin 2011.

28 Vgl. Svenja und Uwe Walter: »Die Heldenreise. Von der Herausforderung, gute Geschichten zu erzählen und die eigene Berufung zu leben«, 2012, https://www.storytellingmasterclass.de/wp/wp-content/uploads/2019/07/Die-Heldenreise.pdf, Zugriff: 25.4.2020.

29 Markus Hofelich: »Mythos Heldenreise: Joseph Campbells ›Der Heros in tausend Gestalten‹«, 27.11.2019, https://www.sinndeslebens24.de/mythos-heldenreise-inspiration-aus-joseph-campbells-klassiker-der-heros-in-tausend-gestalten, Zugriff: 25.4.2020.

Kontakt

Wenn du mir Feedback zu diesem Buch geben, mir deine Erfahrungen schildern möchtest oder eine Frage hast, schreib an:

Tim-Training@t-online.de

Meine Schwerpunkte im Einzelcoaching liegen bei Menschen, die – privat wie beruflich:

- Selbstsicherheit gewinnen und Potenziale entfalten,
- mentale Hindernisse erkennen, konstruktiv mit Veränderungen umgehen, und ihr Leben aktiv gestalten,
- Herausforderungen und Krisen meistern sowie
- wertschätzend mit anderen Menschen kommunizieren, Probleme wie Konflikte lösen, erfolgreich NEIN sagen und sich für ihre eigenen Belange stark machen, und ihre innere Stärke ausbauen wollen.

Meine Schwerpunkte im Seminar- und Trainingsbereich:

- Persönlichkeitsentwicklung – effektive Selbstführung und konstruktiver Umgang mit Veränderung
- Personal Power statt Druck und Stress

Wenn du ein Thema im Einzelcoaching bearbeiten oder an einem Seminar teilnehmen möchtest, so freue ich mich über eine E-Mail von dir.

Alles Liebe,
Gabi Pörner